白玉鉴藏全书

李　平　编著

全国百佳出版社
中央编译出版社
CCTP
Central Compilation & Translation Press

图书在版编目(CIP)数据

白玉鉴藏全书 / 李平编著. —北京：中央编译出版社，2017.2
(古玩鉴藏全书)
ISBN 978-7-5117-3141-8

I. ①白… II. ①李… III. ①古玉器－鉴赏－中国②古玉器－收藏－中国 IV. ①K876.1②G262.3

中国版本图书馆 CIP 数据核字 (2016) 第 247791 号

白玉鉴藏全书

出 版 人：葛海彦
出版统筹：贾宇琰
责任编辑：邓永标 舒 心
责任印制：尹 珺
出版发行：中央编译出版社
地 址：北京西城区车公庄大街乙 5 号鸿儒大厦 B 座 (100044)
电 话：(010) 52612345 (总编室) (010) 52612371 (编辑室)
(010) 52612316 (发行部) (010) 52612317 (网络销售)
(010) 52612346 (馆配部) (010) 55626985 (读者服务部)
传 真：(010) 66515838
经 销：全国新华书店
印 刷：北京鑫海金澳胶印有限公司
开 本：710 毫米 × 1000 毫米 1/16
字 数：350 千字
印 张：14
版 次：2017 年 2 月第 1 版第 1 次印刷
定 价：79.00 元

网 址：www.cctphome.com 邮 箱：cctp@cctphome.com
新浪微博：@中央编译出版社 微 信：中央编译出版社 (ID：cctphome)
淘宝店铺：中央编译出版社直销店 (http://shop108367160.taobao.com) (010) 52612349

凡有印装质量问题，本社负责调换，电话：010-55626985

前言

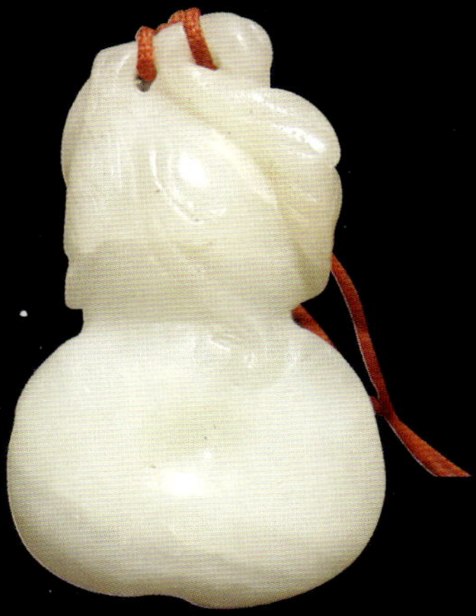

中国是世界上文明发源最早的国家之一，也是世界文明发展进程中唯一没有出现过中断的国家，在人类发展漫长的历史长河中，创造了光辉灿烂的文化。尽管这些文化遗产经历了难以计数的天灾和人祸，历尽了人世间的沧海桑田，但仍旧遗留下来无数的古玩珍品。这些珍品都是我国古代先民们勤劳智慧的结晶，是中华民族的无价之宝，是中华民族高度文明的历史见证，更是中华民族五千年文明的承载。

中国历代的古玩，是世界文化的精髓，是人类历史的宝贵的物质资料，反映了中华民族的光辉传统、精湛工艺和发达的科学技术，对后人有极大的感召力，并能够使我们从中受到鼓舞，得到启迪，从而更加热爱我们伟大的祖国。

俗话说：“乱世多饥民，盛世多收藏。”改革开放给中国人民的物质生活带来了全面振兴，更使中国古玩收藏投资市场日见红火，且急遽升温，如今可以说火爆异常！

古玩收藏投资确实存在着巨大的利润空间，这个空间让所有人闻之而心动不已。于是乎，许多有投资远见的实体与个体（无论财富多寡）纷纷加盟古玩收藏投资市场，成为古玩收藏的强劲之旅，古玩投资市场也因此而充满了勃勃生机。

艺术有价，且利润空间巨大，古玩确实值得投资。然而，造假最凶的、伪品泛滥最严重的领域也当属古玩投资市场。可以这样说，古玩收藏投资的首要问题不是古玩目前的价格与未来利益问题，而应该说是它们的真伪问题，或者更确切地说，是如何识别真伪的问题!如果真伪问题确定不了，古玩的价值与价格便无从谈起。

为了更好地解决这一问题，更为了在古玩收藏投资领域仍然孜孜以求、乐此不疲的广大投资者的实际收藏投资需要，我们特邀国内既研究古玩投资市场，又在古玩本身研究上颇有见地的专家编写了这本《白玉鉴藏全书》，以介绍白玉专题的形式图文并茂，详细阐述了白玉的起源、发展历程、白玉的分类和时代特征、收藏技巧、鉴别要点、保养技巧等。希望钟情于白玉收藏的广大收藏爱好者能够多一点理性思维，把握沙里淘金的技巧，进而缩短购买真品的过程，减少购买假货的数量，降低损失。

本书在总结和吸收目前同类图书优点的基础上进行撰稿，内容丰富，分类科学，装帧精美，价格合理，具有较强的科学性、可读性和实用性。

本书适用于广大白玉收藏爱好者、国内外各类型拍卖公司的从业人员，可供广大中学、大学历史教师和学生学习参考，也是各级各类图书馆和拍卖公司以及相关院校的图书馆装备首选。

编者

2016年11月于北京·阅园

目录

第一章 认识白玉

第二章 白玉的品种

第三章

白玉的特点

第四章

白玉的收藏方法

第五章

白玉的投资技巧

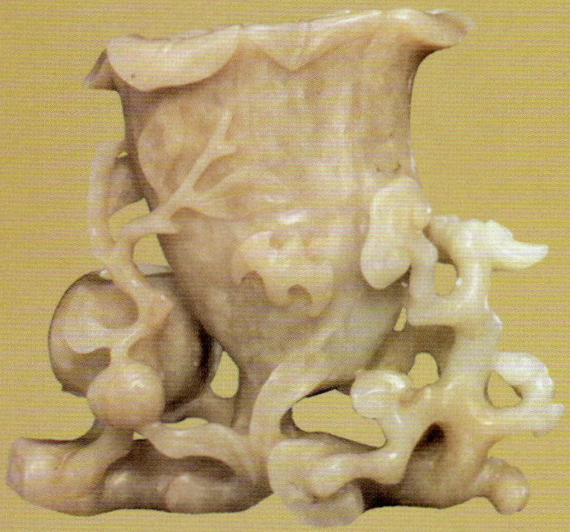

第六章

白玉保养和修复技巧

第一章

认识白玉

一 白玉概述

△ **白玉饕餮纹如意耳瓶　清代**

高13.9厘米

白玉的矿物名称叫软玉，也称“中国玉”，主要产于新疆和田。该地区白玉的质量和产量历来较典型，所以又称为“和田玉”。严格地说，和田玉是软玉的一大矿种，并不代表所有白玉，白玉称为软玉是相对硬玉——翡翠而言的，白玉是软玉中的主要品种，主要矿物成分是透闪石和阳起石，这样的矿物组成呈纤维交织结构，质地细腻紧密且韧性很好，具玻璃质油脂光泽。

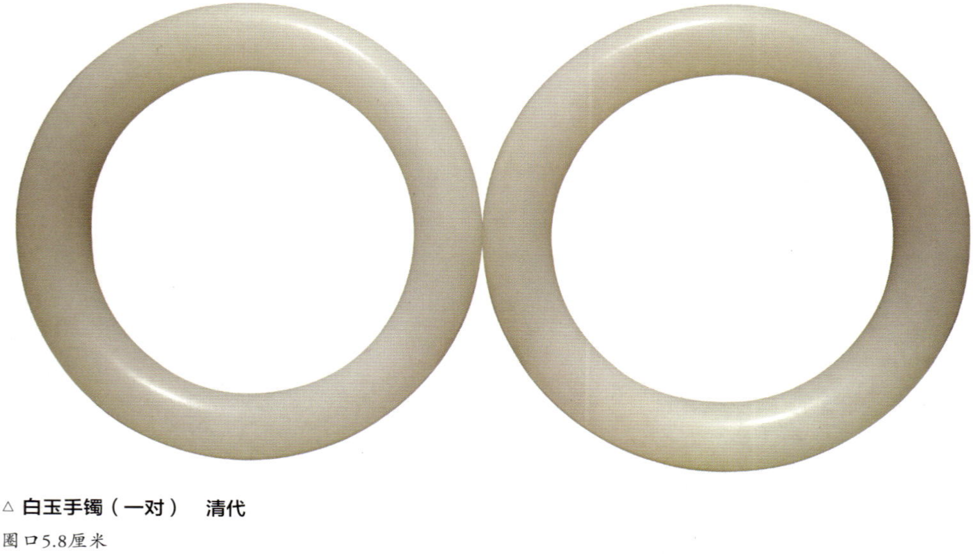

△ **白玉手镯（一对）　清代**

圈口5.8厘米

△ **白玉饕餮纹方觚　清代**

高22厘米

△ **青白玉三鹅衔穗摆件　清代**

宽13.3厘米

◁ **灰白玉六瓣式花口碗　清代**

直径10.2厘米

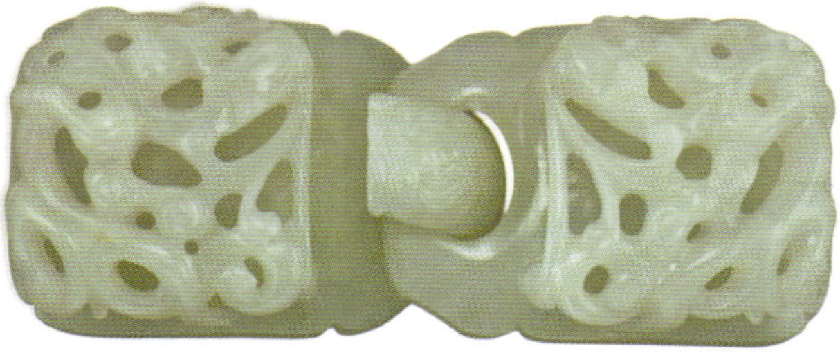

▷ **白玉螭龙纹带扣　清代**

长9.2厘米

古代不少文献和文学作品中都提到过白玉。《礼记·月令》："（孟秋之月）衣白衣，服白玉。"《楚辞·九歌·湘夫人》："白玉兮为镇，疏石兰兮为芳。"《晋书·慕容德载记》："障水得白玉，状若玺。"《红楼梦》第四回："贾不假，白玉为堂金作马。"王闿运《采芬女子墓志铭》："至于青瑶窗里，明月初回；白玉房前，垂杨自见。"

△ **青白玉巧雕三多摆件 清代**

高12厘米

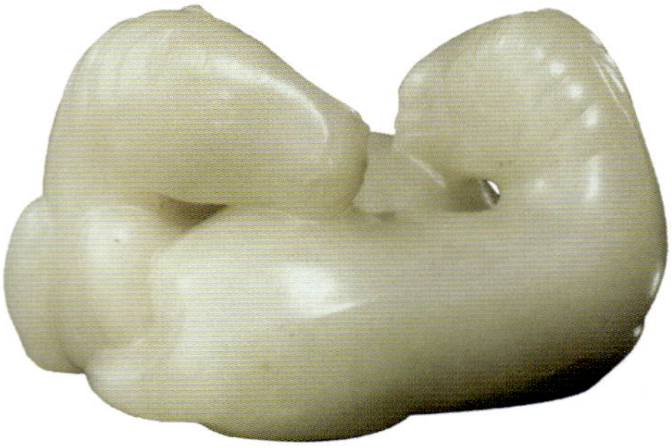

△ **青白玉双马　清代**

长7厘米

△ **白玉马　清代**

长7.5厘米

△ **青白玉雕螭龙纹海棠式洗　清代**

长15.3厘米

△ **青白玉镂雕缠枝花卉纹碗　清代**
直径10.5厘米

二 白玉的物理属性

1 | 颜色

白玉常见的颜色是白色、青白色或灰白色，有时也可见褐红、橙黄、灰黑色风化外皮。

△ **白玉原籽　和田红皮原籽**
8件，尺寸不一，重89克

◁ **青白玉三龙出廓璧　清代**

直径16.5厘米

▷ **白玉山水图扳指　清代**

直径3厘米

△ **青白玉带皮寿纹盖盒　清代**

直径7.5厘米

△ **青白玉御题诗文碗　清代**

直径13厘米

△ **青白玉盖碗　清代**

直径10.2厘米

2 光泽

白玉由非常细小的透闪石矿物交织成特有的毛毡状结构，因而表面细腻温润、具有油脂般的光泽，在其他玉石中，还没有发现这种现象，可以作为鉴别标志。油脂光泽的明显程度与白玉的显微结构有关，也与产地有一定的关系。一般来说，新疆所产白玉的油脂光泽较强，而青海产白玉的光泽较差，俄罗斯产白玉介于两者之间。将白玉和其他玉石对比，可以很容易地识别油脂光泽。

▽ **白玉葫芦挂件　清代**

高4.5厘米，宽2.8厘米，厚1.3厘米

△ **白玉留皮随性山子摆件　清代**

长17厘米，高9厘米，厚7厘米

现藏于某私立博物馆。

△ **白玉扳指　清代**

高3厘米

△ **青白玉雕仙人献寿盖瓶　清代**

长26.7厘米

△ **青白玉高士宝马摆件　清代**

宽16.2厘米

◁ **白玉镂雕高士图诗文牌　清代**

长5.1厘米

▷ **碧玉江山万代山子　清代**

高30.5厘米

3 | 内部纹理

白玉特有的显微结构，在宏观上表现为特殊的内部纹理，具有鉴别意义。用强光电筒从侧面照射，就能发现内部纹理的存在。

白玉中的纹理主要有以下几种形式：

第一种，均匀分布的云絮状。纹理呈细密的絮状均匀分布，类似天空中的白云，这种纹理主要出现在新疆产优质籽料中，而不均匀分布的云絮状纹理主要出现在新疆产一般籽料中。

第二种，具乳质感的半透明状。在侧光照射下，纹理呈混浊的半透明状，类似稀释的牛奶，有时有透明度相对较差的细小团块。这种现象在新疆产山料中常见。

第三种，定向分布的不规则条带。在具乳质感的半透明基底中有不规则条带定向分布，这种纹理主要出现在新疆于田矿区产的山料中。

第四种，粒状镶嵌结构。透明度各异的不规则粒状彼此镶嵌分布。这种现象主要出现在俄罗斯产白玉中。

△ **青白玉长治久安纹如意　清乾隆**

长49厘米

以整料雕琢而成，器形优美硕大，正面雕刻鹌鹑稻禾，背面雕琢梅花冰纹。鹌鹑是古代绘画常见的吉祥鸟之一，如意上的九只鹌鹑，象征“久安”之意；稻禾结实累累，象征丰足的太平盛世。鹌鹑与稻禾相伴，取其谐音“安和”，表达了对安定、和平的期盼，也寓意长治久安的美好未来。

△ **青白玉寿星梅鹿像　清代**

高9.5厘米

三 白玉的产地

目前为止，白玉的主要产地有俄罗斯贝加尔湖和中国的新疆、青海、福建、江苏等，各地白玉的主要成分均为透闪石，它们在矿物组成、化学成分上基本没有差异，只在杂质矿物、微量元素上有略有不同，而且这些差异对白玉整体质量影响不明显。

△ **白玉童子祈福三足洗　清乾隆**
高10厘米，直径17厘米
现藏于某私立博物馆。

△ **白玉痕都斯坦式嵌宝石花瓣形盖盒　清代**

宽9.5厘米

△ **白玉御题诗文童子象耳瓶　清乾隆**

高12厘米，宽8厘米，厚3.2厘米

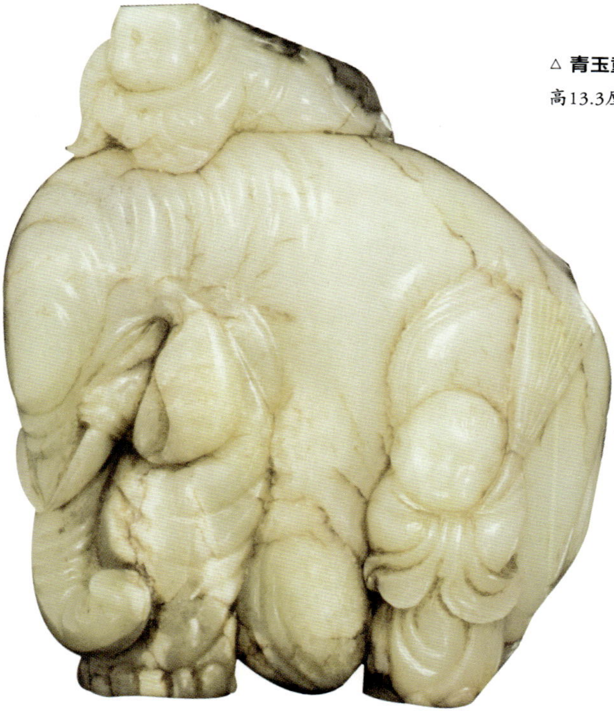

△ **青玉童子骑象摆件　清代**

高13.3厘米

△ **白玉瑞兽摆件　清代**

高5厘米，长7.15厘米，厚3.5厘米

△ **白玉西王母像 清乾隆**

长13厘米

这件清乾隆时期的玉西王母像，外形精致小巧、清新自然，选材精致、工艺纯熟。白玉致密莹泽、温润白皙、通透光亮。器物整体圆雕而成，西王母面容柔和宁静，脸颊饱满，眉宇清秀，仪态端庄，轻衣薄履，给人轻灵飘逸之感。衣纹刻画写实，神态安详，形象逼真，样貌可亲，低首沉吟，更显恬静美好，线条顺美流畅，造型简约沉静，其身下乘骑一飞龙。

测试结果表明：新疆白玉以显微纤维状变晶交织结构为主，白玉透明度适中，光泽柔和，质地细腻，有油脂般凝重、润泽的感觉，且相对密度、韧性、硬度都相对较高；青海白玉以显微叶片状变晶结构—显微纤维状变晶交织结构为主，晶体的定向性较好，但颗粒普遍较疏松，通常有较好的透明度，相对密度较小，光泽较强，但凝重感不足，硬度较低；江苏白玉以纤维状变晶结构为主，透闪石粒度不均匀，定向性不明显，透明度适中，光泽较沉闷，硬度较小；俄罗斯白玉以纤维状变晶结构为主，含少量片晶透闪石，定向性不明显，相对密度较小，表面光泽较弱，硬度仅次于新疆白玉。

白玉的结构对其相对密度、透明度、硬度和光泽度都有着决定性的影响。白玉中的透闪石颗粒越细、纤维交织越紧密，则其相对密度、硬度就越高，油脂感也越强，透明度也越好。

△ **青玉挂蝉　宋代**

长7厘米，宽4厘米

△ **白玛瑙雕太白醉酒像　清乾隆**

宽8.3厘米，高5.7厘米；座长9.4厘米，宽7.6厘米，高4厘米

△ **白玉饕餮纹双耳扁瓶　清乾隆**

高30.8厘米

△ **青白玉龙钮双耳盖炉　清乾隆**
高13厘米

四 白玉的白度

白玉的明显特征在于它的“白度”，为了科学、合理地划分白玉白度的等级，国内一些珠宝科研机构和高等院校正在研究如何在颜色测量实验的基础上将白玉的颜色标准化和定量化，并给出了颜色标号和色彩的立体模型，制定出“色调/明度/饱和度表色法”“白度表色法”等科学方法。

然而，目前在业界的商贸活动和藏家的收藏投资活动中，主要还是依靠经验来辨别颜色。

△ **白玉吉庆有余佩　清代**

长5.8厘米

该器小巧精致，雕琢精细，以白玉为质，细腻莹润，洁白通透，壁上浮雕鱼磬吉祥图案，于清秀之中见典雅华贵之气。玉牌呈长方形，正面牌首为如意云头纹，中部开光减地雕刻磬和双鱼纹，璎珞之上悬垂佳磬，下缀双鱼，分取谐音“庆”与“鱼”，象征年年有余、富贵吉祥之意。背面顶端为如意云头纹分饰磬两边，中下部开光雕波涛汹涌翻滚的海水纹。该器雕琢精湛，线条流畅，构图大气，包浆莹泽，寓意美好。

△ **白玉雕双龙赶珠纹双耳瓶　清乾隆**

高13.5厘米

此件玉瓶以整块和田白玉为材雕琢而成，质地细腻，造型方口深腹，下敛承圈足，瓶身两侧出双耳为柄，琢双龙盘旋其上，龙首高昂相对，作抢珠状，龙须舒展，龙身穿于其间，身形矫健，与器身海浪纹相呼应，大有倒海翻江之势。

五 白玉的密度

宝玉石的密度是固定的，每种宝玉石的密度有一个变化不大的数值范围，例如，翡翠的密度在3.34克/立方厘～3.40克/立方厘米，平均为3.33克/立方厘米；纯净的钻石是3.52克/立方厘米；白玉的密度为2.95克/立方厘米。

测定白玉的相对密度有：静水称重法和重液法两种方法。

△ **白玉陶渊明像　清乾隆**

高15厘米

白玉圆雕陶渊明造像，陶渊明头束素巾，着广袖长袍，双手执莲，让人不禁联想到“出淤泥而不染，濯清涟而不妖”的千古佳句。此造像面部表情刻画极富特色，额际光润下，几道阴刻线的勾勒，就凸显了陶渊明“不戚戚于贫贱，不汲汲于富贵”之神态。

△ **白玉一甲衔芦摆件　清代**

高6厘米，长10厘米，厚4厘米

△ **白玉童子拜观音摆件　清代**

高8厘米，宽8厘米，厚3厘米

▷ **青白玉胡人献马摆件　清代**

高12.7厘米

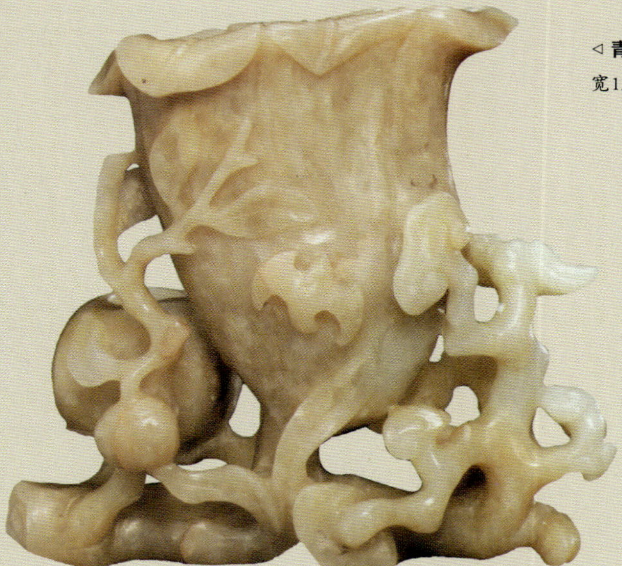

◁ **青玉荷叶形花插　清代**

宽13.3厘米

△ **白玉罗汉参禅摆件　清代**

高13厘米，宽10厘米，厚4.5厘米

现藏于某私立博物馆。

静水称重法可用高灵敏度天平或手持式弹簧秤。高灵敏度天平（双盘或单盘天平）要求灵敏而精确，适用于重量小于3克拉的玉石，这种方法快速而精确。手持式弹簧秤可称重10克～1000克样品的相对密度。对原石和小雕件，这种方法快速而方便。称重时需要注意：擦净白玉，使白玉表面没有油脂；消除气泡，用细毛刷刷除可能附在样品上的任何气泡。材料颗粒重量小于1克拉，误差范围比较大；多孔隙材料不可测。

重液法是测定玉石的近似相对密度值，这种方法能快速而方便地区分外观十分相似的玉石材料。但普通收藏者一般不具备实验室这样的条件，这时也可用最简易的密度测试方法。比如，经常见到一些专家把玉放在手中掂一掂，就能说出这是哪一类玉材。这便是简单的密度测试法。

相同大小的白玉，密度越大分量越重。密度比白度更重要。白玉的优劣，可从颜色、形状、净度、质地等方面进行鉴别。密度是质地的指标，白度是颜色的指标。质地是白玉评价的核心因素，因此，比颜色更重要。

△ **白玉人物牌　清代**

高6厘米

△ **白玉瑞兽　清代**
长6.4厘米

六
白玉的油润度

白玉的油润度包括油润光泽的视觉感和油滑润手的触摸感两个方面。

白玉一般都具有程度不等的油脂光泽，油脂光泽越强，质地就越好。换句话说，白玉的质地越好，油脂光泽也越强。内散射光是导致白玉呈油脂光泽的主要原因，它是射入玉石内部的光线经玉石内晶粒散射后，再次射出玉石，进入人眼的那部分光线。玉石的紧密度越高，光泽就越强，但硬度过高光泽会偏刚性。对翡翠来说刚性的光泽是好的，但对白玉来说是缺点。另外，软玉打磨越细，打磨速度越快，越会显得油脂感强、光泽度强。

触摸感主要指手感，手感上的油性是指略有阻力感的油滑感觉，就好像手里有一坨油，用手一推，有一种油要化开的滑润感觉，籽玉在手感方面具独特的优势。

△ **白玉双耳炉　清乾隆**

宽16厘米

此炉以白玉为材，体量硕大，玉质坚实，沈凝沈蕴，润色晶莹。器型仿周代簋，内壁厚度均一，子母口内扣相合。炉盖钮外与底三足内侧皆刻回纹，雕纹精致，刀笔利落，寓意祥瑞。其余炉盖、炉身、腹部皆不施任何纹饰，光洁的块面之美展露无遗，素雅无拙。各处细节处理得景致利落，整体看去，繁简有序，典雅大气，堪称仿古簋式炉的典范之作。

△ **青白玉兽面纹双耳炉　清乾隆**

宽20厘米

△ **白玉出戟花觚　清乾隆**

高24厘米

此白玉花觚玉质细白，雕工精美，仿青铜出戟觚式，古意深沉。器身分三段，口外撇，收颈，圆腹，足外撇，外壁上下对称六出戟，戟上有迭矢纹饰。上部以蕉叶纹作主饰，蕉叶内雕回纹作辅纹；鼓腹四面皆饰仿古纹饰，风格犷狞且富神秘色彩；下部饰焦叶纹，与上部相呼应。

◁ **羊脂白玉如意云纹环　唐代**
直径5.8厘米，孔径4.5厘米，厚0.2厘米

七 白玉的透明度

透明度是检验白玉的重要指标之一，是玉透光强度的真实表现，这种表现既与白玉内部结构有着密切的关联，同时，它对白玉颜色、质地的好坏能产生烘托作用。

检测一块玉的透明度，应该具备有光源、玉料经过抛光（能真实体现它对光的吸收的强与弱）和玉料的厚薄三个条件。

△ **玉兰花螭龙花插　清代**

高16厘米，宽7厘米，厚4.3厘米

△ **白玉子冈牌　清代**

高6.1厘米，宽4厘米，厚0.8厘米

△ **青白玉童子献寿长方式笔筒　清代**

高14厘米

△ **青白玉鲤跃龙门花插　清代**

高24.8厘米

各种软玉都有各自的透明度，可以把玉材的质地、色美烘托得更好的透明度为最佳，但目前很难有一个明确的共用标准。观察表明，相对白玉而言，有些半透明或近半透明的玉材，缺乏优质白玉所特有的油脂光泽；有些不透明的玉材，质地干，不滋润。白玉只有拥有了油脂光泽的滋润度，其透明度才算最佳，而掌握这种专业的判断能力并非易事，需要不断总结经验。

△ 白玉人物山子摆件　清代

宽18厘米

此山子由一大块玉料随势而就，玉质温润，偶有少量玉皮巧布其上。山石嶙峋有致，松林茂密，溪水潺潺，有小舟泊于山前。老者三三两两游于山间，或于石上独自打坐，或三人围坐谈禅说道，或两两相携于桥上攀谈，或与童子游于半山之上。整体构思巧妙，布局合理，前后画面连贯，疏密有致，聚散有度，层次分明，并常在细节处出其不意。

八 白玉的净度

净度是指白玉中含杂质的情况和白玉中绺裂的程度，以没有和少有杂质、绺裂为最好。白玉中有裂缝会直接影响玉的价值，这点最为重要；白玉中的白点或黑点等都是杂质，以尽可能没有最好，少些关系不太大，但是多了则影响玉的品质。

△ **白玉雕九龙方觚　清乾隆**

高19厘米

此器为白玉质，玉色白润晶莹，亮洁无瑕。觚口侈口呈方形，颈部向下收敛，腹部呈方鼓形，其下外侈。觚身光素无纹，外壁镂雕数只螭龙蟠伏其上，环绕壁身，造型各异，威严而不失灵动，光洁的觚壁将众螭龙衬托得愈加精致立体。整器为乾隆时期仿古玉器之精品，造型精美，典雅大方，玉质精良，纯净明润，工艺巧妙。

△ **白玉葫芦万代喜字牌　清乾隆**

长6.5厘米

△ **白玉花卉圆盒　清乾隆**

直径14.2厘米

玉盒呈圆形，质地优良，莹润洁白。整体造型圆润精致，各种线条十分优美。盖盒上下子母口扣合，外壁修整圆润，下承浅圈足。仅盖面浅浮雕十字形卷草花叶纹饰，所刻纹样枝叶宽阔，姿态舒展，有明显欧洲宫廷洛可可式花卉风格，是为清中期西方艺术元素在中国宫廷之中流行之际的创新艺术作品。

九 白玉的“玉性”

玉性是指玉的结晶构造，玉的结晶颗粒形状多种多样，排列也不尽相同，表现为不同的性质，称为“性”。玉性实际上是玉的缺点，好的籽玉没有性的表现或玉性往往表现不明显。

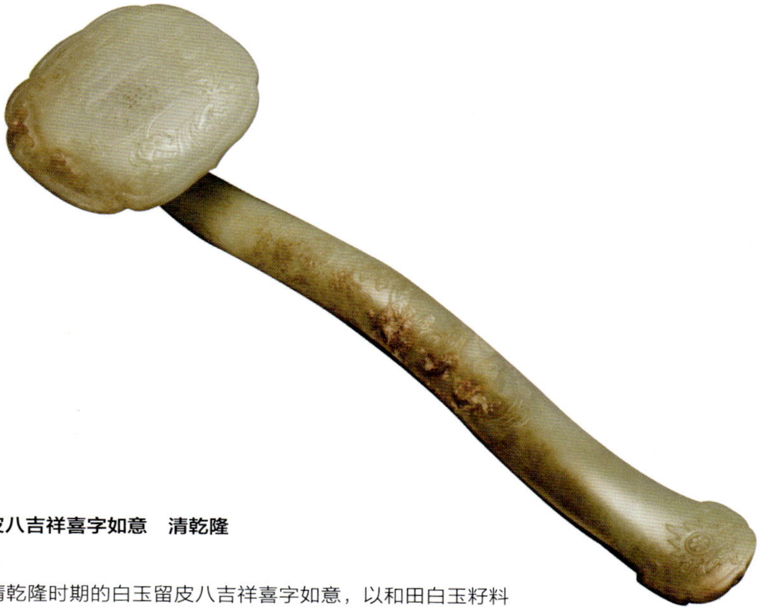

△ **白玉留皮八吉祥喜字如意　清乾隆**

长40.5厘米

这件清乾隆时期的白玉留皮八吉祥喜字如意，以和田白玉籽料为材，玉质温润、莹洁透亮，造型圆润美观，留皮并加染色，俏色自然精当，和谐美感、深沉宁静。整器工艺纯熟、精雕细刻，自然清新，丝毫不感觉有人工匠气。如意首浮雕云罗伞盖，余庆八宝以及喜字图案，线条随形而动，翻卷自然，瑰丽清晰，朵瓣丰润，意寓吉祥。

△ **青白玉兽面纹炉　清乾隆**

宽17厘米

青白玉兽面纹炉分器、盖两部分。矩形盖钮，母子口咬合完好。炉盖及炉身外壁上下对称六出戟，凸雕隐起兽面纹饰。炉两侧镂雕双兽面衔环为耳，下承四足，分饰兽面纹，与炉身、炉盖形成呼应。

十
白玉的音色美

在我国古代，古人举行祭祀或其他重大活动时，常用一种被称为“磬”的打击乐器，而用来制作“磬”的材料通常就是白玉。这说明我国的白玉不仅色相清纯高雅，而且具有音色美的特点。白玉一经敲击，就能发出很动听的声音，白玉的质地越好，发声越悦耳。反之，白玉的质地越差，发声越沉闷。

△ **御制白玉俏色神羊小盖盒（一对）　清乾隆**

长6厘米

这对清乾隆时期的白玉俏色神羊小盖盒，造型生动、体态优美、温婉柔静、巧妙精细。其质地精良，莹润凝练，色泽柔顺，局部利用玉材中的沁色加烤染巧雕而成，使人倍感平静，画面中羊四腿曲跪，腹部着地，呈静卧姿；首微微抬起、口紧闭、耳下垂，双角向后弯曲，腮下、耳后及尾部边缘有细刀琢刻的短阴线，以示羊毛。

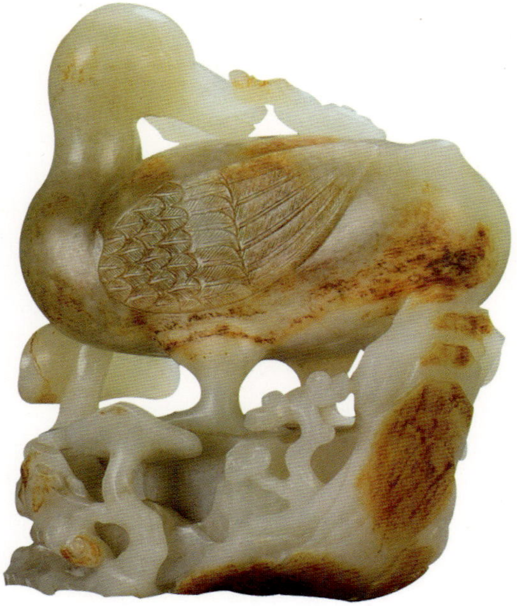

▷ **白玉留皮鸭衔灵芝摆件 清乾隆**

高13厘米

采用上乘白玉立体圆雕而成，玉质油润细腻，手感极佳，并巧用黄褐色皮俏色为鸭翅、山石、灵芝，设计精妙。皮色娇黄，与白玉质地相映生辉。鸭子作回首状，喙衔灵芝，鸭身肥硕丰满，阴刻鳞式翅根纹，翅尖则阴刻宽束丝纹，线形丰富，线姿流畅洒脱，造型生动可爱。

△ **白玉螳螂捕蝉带钩 清乾隆**

长9.5厘米

此带钩选用上等白玉玉材，雕琢精美。正面圆雕螳螂头形钩，对面卧蝉。螳螂形首，双眼圆而突出，向前注视，钩身中部隆起，俗称“螳螂肚”，钩身上浮雕小蝉一只，双翅收拢，亦琢卷云纹钮靠近尾部，整件寓意“螳螂捕蝉”，为辟邪祥瑞之物；整器质地紧密细腻，包浆厚重自然，形态优雅流畅，题材别具匠心。

△ **白玉雕饕餮纹出戟觚　清乾隆时期**

高18.3厘米

此件出戟觚白玉质，体量较大，选材精良。觚形方整，口、足外撇，腹部方正，下有圈足，自上而下有如层层累叠而成。沿四边角及四面中轴线出竹节戟，造型粗犷且富有张力。觚身分三层，上部侈口饰蕉叶纹，腹部四面皆饰饕餮纹。下部高足亦为简化蕉叶纹。花觚的侈口造型略显狰狞，较为夸张，修长的直筒身腹和外撇的高圈足，使整器显得极为俊美。

十一　白玉的皮色

白玉的皮色有黑、白、秋梨等多种，行业中常以籽玉外皮的颜色来命名籽玉。比如带有黑皮的，称为“黑皮籽玉”；带有白皮的，称为“白皮籽玉”；颜色像鹿皮的，称为“鹿皮籽玉”；像乌鸦的，称为“乌鸦皮籽玉”；与桂花颜色相似的，称为“桂花皮籽玉”。其他皮色还有秋梨皮、洒金皮、虎皮、枣红皮等。有时同类籽玉在皮色上也略有差异，会出现不同的名称，如“烟袋油皮籽玉”，它与“枣红皮籽玉”“秋梨皮籽玉”的差别非常小，仅是颜色上深浅不一而已。

带色皮的，有很多品种，其中最名贵的为“枣红皮籽玉”和“桂花皮籽玉”。而“粗地红皮”和“芦花皮”的籽料多玉性不匀，质地较粗。

十二
白玉的沁色

▽ **白玉雕饕餮纹双螭龙耳盖炉　清代**

高17.2厘米

白玉表皮上带的颜色叫皮色，白玉的裂隙上带的颜色叫沁色，虽然两者形成的原因是一样的，但皮色可作为籽料判断的依据，而沁色则不能作为判断依据，只能作为籽料判断的参考。

△ **“岁岁平安”摆件　清代**

△ **白玉拜佛童子摆件　清代**

高10厘米

白玉的表皮十分光滑，铁质等一些杂质短时期内很难黏附并沁入白玉形成皮色。而由于白玉裂隙处的质地相对较松，铁质等杂质很容易进入，进入以后，通常很难出来，因此很容易形成沁色。所以，白玉籽料中的沁色一般比皮色的颜色要深一些，这也说明皮色的形成较沁色的形成时间更久远。例如，一个浅色皮的籽料可能会有深色的沁色，但不可能出现一种籽料深色皮但浅沁色的现象。

有些山料由于雨水把周围土质中的铁质等杂质离子带入裂隙中，在裂隙中形成了沁色，这种现象在俄料中比较常见。同样对于假皮来说，作假的沁色要比作假的皮色来得容易，有些奸商就是用这些天然形成的沁色来冒充籽料，对于只有沁色的所谓金线皮等料，一定要多观察。

△ **白玉留皮八吉祥喜字如意　清乾隆时期**

长40.5厘米

这件清乾隆时期的白玉留皮八吉祥喜字如意，以和田白玉籽料为材，如意首浮雕云罗伞盖、余庆八宝以及喜字图案，线条随形而动，翻卷自然，瑰丽清晰，朵瓣丰润，意寓吉祥。器身浮雕云气伞盖及盘肠图案，尾部雕法轮。整器纹饰线条流畅，设计精美，雕工细腻，抛光上佳，匠心独具，具有极高的艺术价值。

第二章

白玉的品种

一 籽料

籽料又称籽玉，它是软玉原生矿经冰雪消融、自然风化、冰川变化、泥石流运动后，再经滚落和冲运，分布于远离原生矿的河床及两侧的河滩中，或埋于地下或裸露地表的卵石形玉料。

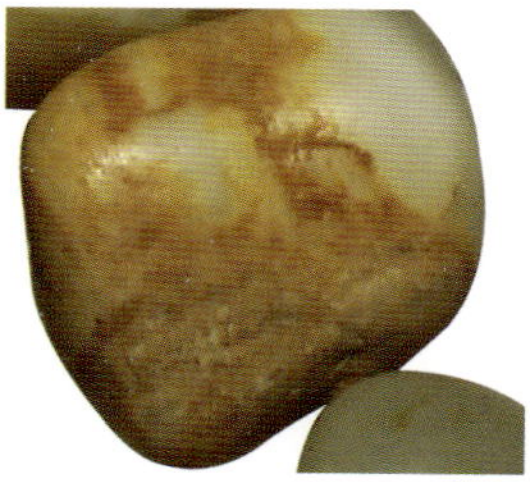

△ **和田籽料数粒　现代**

籽料最明显的特点是块度较小，外形为光滑的鹅卵石形态。它表面光滑，是因为经数百千米河水的搬运和漫长时期的水浸、冲刷、磨蚀、分选等外部作用，棱角逐渐被磨去，去除了糟粕，留存了精华。籽料形成的过程年代久远，一般需要几千万年，甚至上亿年的岁月，所以，它的质地一般较好，细腻温润、坚硬致密。

籽料又分为皮色籽料和无皮籽料。皮色籽料一般采自河床的淤泥中，无皮籽料一般采自河水中。

△ **白玉仕女　清代**

高13.5厘米

此件玉雕仕女以上等和田白玉雕刻而成，弯眉细眼，面带微笑，身着袒胸广袖长裙，头戴珠串与花饰，右手执扇，左手拿如意，腰系丝线，天衣缠绕于身周，纤纤玉指，体态柔媚。此件玉质仕女造型优美端庄，柔婉娉婷，神情祥和，襦裙飘逸，衣纹流畅，下摆飘拂，灵动自然。

◁ **青白玉凤穿花镶嵌件　明代**

长10厘米，高8厘米，厚1.5厘米

△ **白玉龙纹镂空手把件　清代**

长7厘米，宽4厘米，厚1.2厘米

二 山料

山料又称“碴子玉”“山玉”，是从山上软玉原生矿中直接开采的。它的外形特点相比籽料而言，一般呈不规则棱角块状，而且块度比较大，有的可以重达几吨。山料的质量一般不如籽料好，油性略差。由于玉矿的开采难度非常大，玉石和岩石是穿插生长在一起的，开采时要用炸药去掉大量包裹在玉石周围坚硬的岩石，这就使得山料较多出现绺裂现象。

◁ **白玉梅花诗文笔筒　清中期**

高8.2厘米

此件笔筒以上等和田白玉精心雕琢，质地洁白温润，通体纯美无瑕。圆口直壁，掏膛整挖，中空以纳笔。外壁浅刻梅花及诗文，素洁淡雅，惟意超群，是为不可多得之玉雕文房精品。

三　山流水玉

山流水玉是软玉原生矿石经风化崩落、泥石流运动、雨水冲刷后，由河水搬运至河流中上游而形成的玉石。山流水玉的特点是距原生矿较近，表面一般呈较为光滑的次棱角片块状，但还没形成鹅卵形状。

山流水玉质地介于籽料与山料之间，可以理解为是山料在变成籽料过程中的一种过渡品种，更可以说是尚未完全成为籽料的一种玉料。它的内外品质一致，是一种质地细腻较为紧密的优良料种。

△ **白玉佛像摆件　清代**

高12.6厘米，宽11.6厘米，厚5厘米

◁ **新疆和田戈壁玉料**
123.5克

四　戈壁玉

戈壁玉的矿物成分与和田籽料完全一样。戈壁玉有两个品种：一种叫“戈壁玉”，它是由和田玉山料散落在戈壁滩上，经亿万年风吹日晒，吸收日月之精华而形成的。另一种叫“戈壁籽料”，它是已经形成的籽玉被搬运到戈壁滩后或本来生存的河流干涸后，暴露在没有水的环境中，再次受风尘、砂石冲击，经过长年累月风吹日晒形成的。这种“戈壁籽玉”先被水冲，后被雨淋日晒，比单纯的水冲籽玉质地更好，更加难得。

五 俄罗斯玉

俄罗斯玉又称“俄玉”或“俄料”，它产于贝加尔湖地区，虽然离昆仑山较远，但仍与和田玉同属典型的软玉系列。俄罗斯白玉的各种物化指标与新疆和田白玉十分接近，好的俄料白度甚至可与上乘的和田玉媲美。其实，俄罗斯玉的韧度、硬度不差，只是油性不够，多数显得略干，但也不是绝对的。俄罗斯白玉有籽玉、山料玉、山流水玉等，但迄今为止还没发现有戈壁玉出现。

俄罗斯白玉的外层氧化皮比较厚，颜色比较深，黑褐色的表面与白色玉的界限有“拖泥带水”的感觉，较为模糊，往往成为巧雕工艺品、仿古玉的最佳用料。20世纪90年代，大量俄罗斯白玉出现在中国市场，同时生产了很多的俄罗斯玉产品。

△ **白玉宜尔子孙佩　清中期**

高6厘米

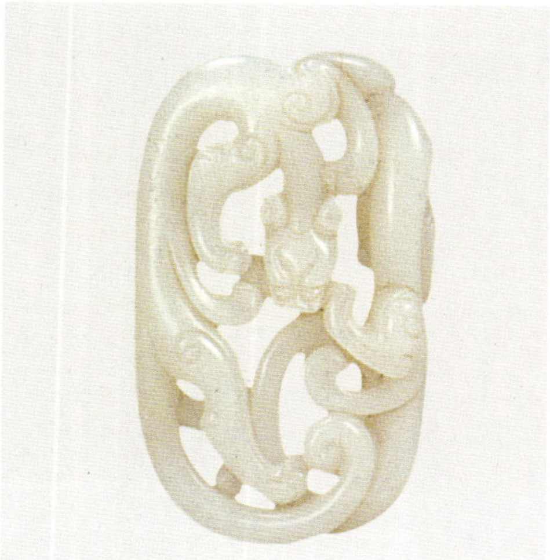

△ **白玉镂雕双螭佩　清代**

7.5厘米×1厘米

△ **白玉雕龙虎钺形佩 清乾隆**

高6.5厘米

△ **白玉双连瓶佩 清代**

高10厘米

△ **黄玉谷纹璧 清中期**

直径12.4厘米

中国嘉德：2002年4月23日

玉质洁净，色泽纯真，有褐色玉浸一处。玉璧两面雕有工整的谷纹，又称“蒲纹”，是仿汉玉型制，工艺精细。如此之大且纯的黄玉璧十分少见。

俄罗斯白玉矿体产于酸性岩浆岩与白云质大理岩的接触带中，呈脉状、透镜状、团块状、似层状等，其中以透镜状为主，透镜体大小不一。透镜体中央常有色白、质地非常细腻的高品质的白玉产出。

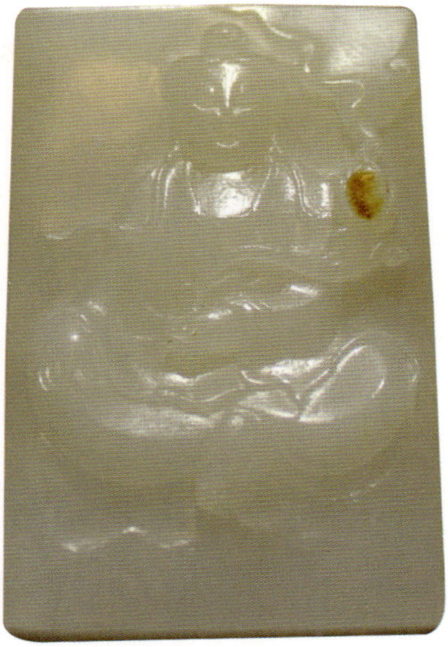

△ **俄罗斯白玉观音牌子 现代**
高5厘米，宽3.5厘米，厚1.3厘米

俄罗斯白玉的特征可以从外形、外皮、硬度、颜色、透明度和质地几方面来归纳。

外形、外皮、硬度：俄罗斯白玉的外形、外皮、硬度等与新疆白玉没有很大差别。

颜色：俄罗斯白玉山料以白色为基色，多呈白色、奶白色、灰白色。稍微抛光后会出现泛灰黄色。大多数的俄罗斯白玉，虽然颜色很白，但常会给人以死、干、僵的感觉，主要是由于它缺乏油性，细腻度不够。检验的方法是把俄罗斯白玉握在手中，经过盘磨，它会由深白变得干透；放在白布上显得很白，拿在手中却显干涩。

俄罗斯白玉的矿体由于受板块运动的影响，含三价铁的溶液沿节理缝或裂隙渗滤，形成了颇具个性的褐色、棕色糖玉。从其切割的断面发现，它由外到内，有几层颜色变化：最外层的灰白色→第二层的深褐糖色→第三层的浅褐糖色→纯白色（行业人士称此为“串色”）。这种天然的玉色渐变形成俄罗斯白玉的典型特征，十分独特。

透明度：俄罗斯白玉山料透明度大多较差，呈不透明到微透明状。这与其矿物粒度、结构构造、裂隙多少、杂质含量等有一定关系。俄罗斯白玉里面的云絮状纹理呈团块状，更显混浊感，部分的粥样糊状是其独有的特征。

质地：俄罗斯白玉的质地较粗糙。在透光的地方，用肉眼就能看到“毛毡状”的结构。俄罗斯白玉山料由于晶粒的粒度粗细、排列不均匀，透闪石含量不稳定，质感不够细糯，显得有些“钢”性。玉雕行家认为，大多数俄罗斯白玉韧性差，雕刻时容易起“性”，做细工时容易产生崩点、崩口。但也不是绝对的，俄料中也有质地好、甚至超过普通和田玉的籽料。

六 青海玉

青海软玉出自青海省格尔木市西南的高原丘陵地区，目前，只发现山料的产出形态。青海软玉按颜色特征可分为白玉、青玉、青白玉、翠青玉、烟青玉等品种。

青海白玉业内习惯称为“青海白”，是青海软玉的主要品种，也是产量最大的品种。青海白玉块度较大，质地细润均匀，但由于透明度偏高，凝重感往往略显不足。

由于青海白玉与传统的和田玉有某些相同特点，因此是最常被奸商用于假冒和田玉的白玉品种之一。可从以下几方面鉴别青海白玉：

△ **白玉海东青擒雁挂件　元代**

长6厘米，宽4.5厘米

▽ **青海玉花鸟纹挂件　现代**

高4.3厘米，长5.1厘米

外形：青海白玉产出的形态为山料，目前还未发现有戈壁料、山流水料和籽料产出。青海白玉山料表面较粗糙，多棱角，呈不规则块状。

颜色：青海白玉主要呈蜡白和灰白色，另有黄灰的“米汤色”，给人以灰暗不正的感觉。业内根据其不同的外观特征形象地描述为梨花白、透水白、奶黄白、米汤白等。

透明度：青海白玉的透明度明显高于俄罗斯白玉和新疆白玉，大多呈半透明状，因而质感和凝重度略显不足，如果做得薄，给人轻飘的感觉。有的青海白玉透明度在同一块料上表现不够均匀，往往是局部块面不透明，局部块面呈半透明状。

质地：青海白玉的内在结构为粒度稍粗但较均匀，水头足但无油润度，质感不够细腻而略显“嫩”。透明度较高的青海白玉，硬度稍低，较容易看到絮状僵花、脑花、石花以及黑褐色翳状斑点。抛光后的视觉感受是水气大，而不是油性强，透视看得见玉里有“水线”（玉筋）、“水露”纹。另外，“石钉”“石筋”等也是一般青海白玉常见的玉性表现。

△ **和田玉籽料　清代**

长15.5厘米，重3.5千克

七 和田玉

和田玉即软玉，是以产地——中国新疆境内的和田县命名的。它分布于中国昆仑山、阿尔金山一带（包括古代所称的昆仑山）。它主要由镁质大理岩与中酸性岩浆岩接触交代变质作用及部分超基性岩经变质作用形成，包括了青玉、白玉、青白玉、黄玉、碧玉、墨玉、糖玉等多种软玉系列。和田玉的名称确定经历了一个漫长的演化过程。战国时期称它为“禺氏之玉”，秦代称为“昆山之玉”，以后还有称“玉田玉”的。从地质科学观点看，和田玉有明确的科学含义。

△ **和田玉白菜花插　清中期**

高16厘米，长12.2厘米，宽6.1厘米

现藏北京故宫博物院。青玉，下部琢一扁三角形底托，表面凸凹不平，中心长出一株白菜，白菜为束颈，外周菜叶弯向外侧，内周菜叶竖直向上，菜叶阳面用阴刻线，阴面用凸线雕出叶脉，白菜中空，用以插花。

我国传统玉石行业习惯用产地来命名一些珠宝玉石品种，“和田玉”这一名称，从古代沿用至今已被人们广泛接受，进而演变为天然玉石的品种名称。但2003年的新版国家标准中规定，这些由产地演变而来的玉石品种名称已不再具有产地含义。简单地说，就是使用“和田玉”这一名称，已与产地无关。

△ **和田籽料玉观音　清代**

高10厘米

△ **和田黄玉龙凤把件**

高7.2厘米，宽3.7厘米，厚1.1厘米

重58.6克

△ **和田龙凤黄玉把件**

高10.5厘米，宽6厘米，厚2.8厘米

重262克

八 且末料

且末是新疆的一个地名，位于巴音郭楞蒙古自治州（即巴州地区）南部，历史上，且末是和田玉山料的一个著名出产地。如且末的杨家坑，所采玉料有栗子色外皮，内部色白质润；如戚家坑所产玉料色白、质润（戚家坑是清末民初时，天津人戚春甫、戚光涛兄弟在且末地区开采软玉时所建的矿坑）；再如且末山上的卡羌坑，更有所采玉料的白口、黄口、青口之分，质坚性匀，并常带有盐粒闪星而让人爱不释手。除籽料外，现在市场上大部分的和田玉都出自且末。

△ **白玉痕都斯坦碗　清代**

长17.5厘米

此件作品以和田白玉为材，雕琢海棠式痕都斯坦风格玉碗，碗身光素，琢磨精致，外壁近足处以浅阴线雕花叶纹，碗左右装饰花苞状双耳，整体风格灵动柔美，从细节上看，当为中国宫廷匠师充分吸纳痕都斯坦风格玉雕作品的精华后，结合中国传统玉雕风格而制作的玉雕精品。

九 糖料

糖料指玉质里带有褐色如焦糖一样颜色的玉料，多为山料，只有极少数籽料中带有糖色。除了白玉有带糖之外，青玉也可能带糖。

△ **仿古兽面三足玉炉　清乾隆**

高21厘米

此炉束颈，附一盖，上雕有古兽，瓶颈两侧有双耳，下乘三足瓶腹两侧以浮雕技法饰兽面纹，玉质温润，包浆纯厚，纹理清晰，雕工精湛，通透雅致。

十 墨玉

传统意义上的墨玉是专指白玉被石墨沁入形成的玉石。质地细腻、颜色墨黑、油脂极好的墨玉，其价值可与羊脂白玉相等同。

墨玉的颜色由墨黑色到淡黑色，一般有全墨、聚墨、点墨之分。全墨“黑如纯漆”，是上品，非常少见；聚墨指白玉或青玉中墨色较聚集，可用作俏色；点墨则墨色分散成点，影响使用。墨玉当然是越黑越好，不过要看玉质是否细腻有油脂，大多数墨玉都是不黑不白，被称作“青花”。

墨玉墨色多为条带状、云雾状等，其工艺名称繁多，有淡墨光、乌云片、美人须、金貂须等。

△ **墨玉山水人物山子　清代**

高8.5厘米

山水人物山子，以墨玉制成，玉质莹润，微微泛灰，整体随形雕琢山子，利用俏色雕刻人物、树木等，采用圆雕、镂雕等技法精心雕琢而成。整体刻画精美细致，琢磨圆润，山水人物景致高远。

△ **灰青玉卧马摆件　清代**
长15.2厘米

十一
烟青玉

烟青玉原矿表现为独立层状，它的颜色呈烟灰色中略带紫灰色调，由浅到深的颜色排列依次为灰紫色、烟灰色、紫黑色、酱色等。烟青玉色暗，质地细腻滋润，呈半透明状，也有人称其为乌青玉、藕荷玉、紫罗兰等。烟青玉颜色特征显著，可以说是青海白玉的一个标志品种，也丰富了白玉的俏色品种。

烟青玉有在白玉料边缘形成黑层白玉的现象，即具“黑皮料”的特征，所以“黑皮料”是烟青玉的一种。

△ **青白玉雕刘海戏蟾摆件　清代**

长17.2厘米

十二 翠青玉

翠青玉的绿色色泽像嫩绿色翡翠，但与青玉、碧玉的绿色明显不同。这种绿色玉料很少单独产出，而是附于青白玉、白玉原料的一侧或形成夹层、团块。其内含物特征是与绿色有关的絮状、沙点状、斑点状石花。

由翠青玉玉料雕成的艺术品，有全绿的，也有在青白玉、白玉雕件上形成俏色而深受收藏者的喜爱，如青海白玉制成的“大白菜”上绿色的菜叶和俏色的螳螂或蝈蝈等昆虫。

当前，艳绿色的翠青玉在市场上已经很少见了，是投资者追捧的稀少品种。

△ **青玉兽面凤耳三足炉　明代**

高13厘米

现藏于某私立博物馆。

第三章

白玉的特点

△ **白玉福寿挂件　清代**
长4.5厘米

一 白玉质地的表现特征

评价白玉最重要因素是白玉的质地，它由本身固有的结构所决定，包括光泽、滋润度，有否杂质、裂纹等，是综合性的表现。细腻滋润是鉴别白玉的主要依据，人们爱白玉也正是喜欢它的“润”和“纯”。其中最珍贵的是羊脂白玉，其质地极纯极润，色白如脂。其次是普通山料、籽料白玉，色也白，但不及羊脂玉纯和润，尤其是润度方面要差一些。因此，掌握对白玉质地细腻滋润的鉴定是十分重要的。白玉的透明度、细腻程度和油脂光泽等，是反映白玉质地优劣的三个主要方面。

△ **白玉雕观音立像　清乾隆**

高38厘米

▽ **玉雕沁色马上翻身坠　清乾隆**

宽6厘米

▷ **白玉武将诗文牌　清乾隆**

长5厘米

△ 白玉雕三蟠螭玉配饰　唐代

二
白玉质地的判断方法

好的白玉坚硬细密，“脉理坚密”是说明它的质地结构坚实细密，反映在感性的认识上就是外观很细腻、坚硬不吃刀。质地细腻的美玉通常密度较大，有明显的沉手感。

怎样判断白玉的细腻程度呢？可通过作用于玉石的那些光线进行观察，如果白玉内在结构的各处对光线的作用没有明显差异，肉眼看起来没有异物存在，均匀一致，这种白玉的质地就很细腻。质地细腻的白玉应该符合晶粒粒度均匀、晶粒间隙小、显微裂隙少、透光性能一致的要求。

△ **白玉回首鹅摆件　辽/金**

长5.1厘米，高2.5厘米，厚2厘米

△ **白玉富贵有余挂件　辽/金**

长5厘米，宽2.2厘米，厚0.3厘米

△ **青玉桃形洗　明代**

高3.7厘米，长9厘米，厚5.5厘米

三 白玉质地的判断标准

白玉的质地并不是越透明越好，质地细腻的白玉通常结构紧密，凝重感强，呈现的效果是半透明或者微透明状。新疆和田白玉一般会呈现这些优质条件，而青海白玉山料由于质地相对松，其透明度就偏高，质地就不如籽料来得好。

△ **青白玉海东青纹镶嵌件　元代**

高5厘米，宽6.7厘米，厚1.2厘米

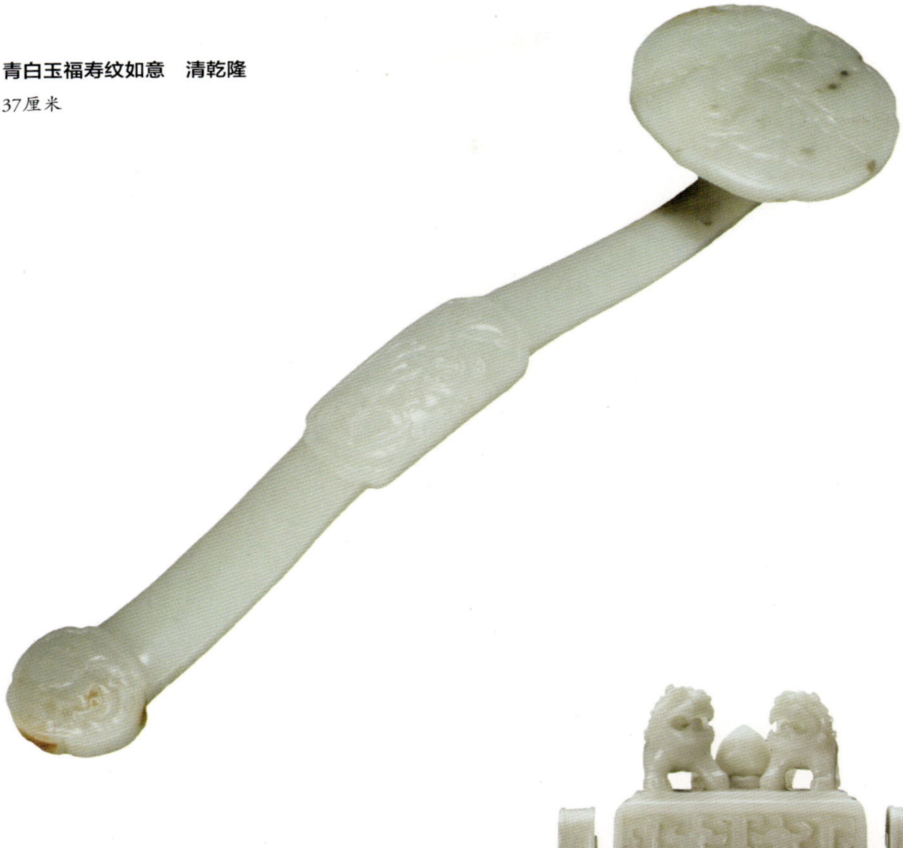

▽ **青白玉福寿纹如意　清乾隆**

长37厘米

▷ **白玉雕螭龙纹鼎式炉　清乾隆**

高25.8厘米

△ **白玉麒麟凤凰纹盖瓶　清乾隆**

高37厘米

此瓶为带盖浮雕凤凰、麒麟纹瓶，子母口。瓶体呈椭圆形，足部雕刻成山石形状，瓶一侧刻画麒麟，形象高大，威武非凡，龙鳞刻画精细整齐，四足遒劲有力，立于山石上，侧首顾望，直视枝上凤凰，两只神兽相望对话，神态生动，趣味盎然；另一侧雕琢侧身挺立的凤凰，长尾曳地，双足并立，姿态挺拔优雅，古朴端庄，四周几只雏凤矗立于旁，守候护卫。瓶盖顶部透雕花鸟纹饰，颈两侧兽耳活环，保存完好。整器用料奢侈，器形硕大，颜色较白，玉质显油脂光泽，质地细腻，雕工精细，布局紧凑，应为典型清宫玉雕工艺。

四 白玉的油脂度特征

白玉表面的油脂光泽程度通常决定着它质地的细腻程度，籽料的质地细洁紧密，其油脂度就强。反之，如果质地相对松，其油脂度就弱，如山料。

好的白玉要体如凝脂，给人的感觉应该像猪油、像羊脂，又糯又油又酥。白玉的光泽与翡翠不同，翡翠鲜明光亮，光泽外射；而白玉则“精光内蕴”，非常有内涵。

△ **白玉谷纹方形勒子　宋代**

高5厘米，宽2.5厘米，厚1.2厘米

△ **青白玉雕五福捧寿活环洗　清乾隆**

长17.2厘米，宽13厘米，高6.7厘米

整器雕作丰满圆润的寿桃形，内心掏空为膛，洗壁厚薄均匀。两侧镂雕双蝠耳，耳下套活环。外壁一面浮雕一棵粗壮的桃树向上蓬勃生长，延伸至洗口后转施透雕技法，枝繁叶茂，两只小蝠栖息其上；另面浮雕一只硕大的蝙蝠，展翅攀附于桃尖。

△ **白玉双鱼盘　清乾隆**

直径14厘米

△ **白玉鸭衔寿桃坠　清乾隆**

宽5厘米

△ **白玉雕龙耳衔活环三羊开泰三足炉 清代**

高29厘米，宽20厘米

五 白玉质地的行语表达

在工艺界，对白玉的质地细腻滋润方面有很多常用行语，一般用来表示它的缺陷和特点或它的质地和内在特性。如说“油”，即非凝脂的油性感觉；“阴”；即表示白玉有些阴暗的感觉；“干”，即不润的表达；“嫩”，即透明度高显现的娇嫩感觉；“瓷”，即如瓷器一样白得似干白、死白……这些行语都表达白玉质量不太好之意。

△ **白玉释迦牟尼坐像　清代**

高14厘米

玉佛层髻螺发，披肩加于禅袍之上，双目垂视，两手脐前，结禅定印，赤足跏趺坐于地上，端庄稳重。

△ **白玉瑞兽　清代**

长12.7厘米

△ **白玉碗　清代**

直径9.3厘米

该碗取材白玉，玉质晶莹，撇口，深腹，圆足，薄胎，造型简洁规整，玉质上乘，周身无饰，光素平滑，做工一丝不苟，打磨精细，简洁有力，实属精品。

△ **青白玉蕉石兽面纹瓶　清代**

高30.5厘米，宽12厘米

此件玉瓶以青白玉大料制成，整体高耸。顶部有子母口套合的盖，向上收拢，顶部有圆钮，有层层摞置之感。瓶口沿方折，颈部内凹，弧线外转至肩。肩部折，腹身近乎直线泻下到底。瓶盖部、颈部、有抽象的蕉叶纹。瓶身则饰上古青铜器常用之兽面纹，下部则浮雕写实蕉叶纹。叶片长短间隔相布，叶脉丝丝清晰。器底一周怪石嶙峋，高低错落，扭转透镂极具神采。石上有花卉数丛绕瓶生长，生机勃勃，姿态曼妙。

六
白玉内部结构中米粒状特征的表现

白玉内部结构中，米粒状的大小及均匀程度对玉质影响非常大，也是判断不同品种玉料的重要依据之一。白玉的米粒状其实是其晶体颗粒，颗粒越小，排列越均匀一致而没有明显差异，玉石的质地就越细腻。另外，米粒状紧密镶嵌，单个米粒的边界不明显，间隙小，其质地就比较细腻。

籽料结构虽有密有松，但其颗粒的大小一般较山流水料和山料细。而青海玉和俄罗斯玉一般颗粒较大，因此，在打磨时容易出斑斑点点的现象。

△ **白玉龟钮印章　清代**

长4.5厘米，宽4.5厘米，高5.3厘米

印章白玉质，莹润有光，方形，上雕龟钮，龟趴伏于地，昂首，双目炯炯有神，刻画精细，周身纹理清晰可辨，栩栩如生。阴面为阳文“保和殿大学士之章”，字体古雅。

△ **白玉如意花卉喜字盘　清乾隆**

直径24厘米

此盘以上等白玉制成，凝油脂光泽，型作扁圆如皓月明空，盈盈圆圆，自口沿向盘底缓收，盘以中心花卉为心向四方延伸如意纹，盘沿雕蝙蝠形，内刻“喜”字，磨制精到，线形柔畅，柔光细腻。

△ **青白玉仙鹤献寿摆件　清乾隆**

长9.2厘米

△ **黄青玉洋洋得意摆件　清代**

长11厘米，宽7厘米，高6.2厘米

△ **御制白玉交龙钮“自强不息”宝玺　清乾隆**

边长7.5厘米，高5.5厘米

◁ **白玉八吉祥如意耳扁瓶　清乾隆**

高13.5厘米

此扁瓶白玉为材，玉色青冽，玉质温润莹泽，手感舒适。瓶圆口，短颈，溜肩，圆扁腹，圈足。颈、腹以如意耳相连。瓶口及圈足处以回纹装饰，腹部圆形开光雕刻八吉祥图案，寓意美好。有法螺、法轮、宝伞、白盖、莲花、宝瓶、金鱼、盘长八种吉祥物，又称佛教八宝，象征佛教威力的八种物象。由八种识智即眼、耳、鼻、音、心、身、意、藏所感悟显现。

▷ **白玉锦地开光花鸟铺耳盖瓶　清嘉庆**

高16.7厘米

小瓶方体，上有素纹宝珠状抓钮，盖口出沿，瓶口部作阶梯状，饰回字纹一周，颈部以下为莲瓣纹，盖面及瓶身满雕菱花纹，绵密有序，左右肩部饰以铺耳，下有衔环。瓶身正反两面均开光刻花卉纹饰，一面为荷塘春燕，另一面为折枝花鸟纹，制作精良细致，底刻“嘉庆年制”四字篆书款。

七 白玉内絮状的辨别

白玉结构的细度，即白玉内絮状的细密均匀，也是白玉很重要的品质指标之一。各种玉料中絮状的不同，是造成成品外观和手感差别的主要原因之一。

籽料里面一般都会有短云絮结构，若用专业电筒观察短云絮结构，必须打侧光看，不能从背面打光，背面打光只能看杂质，看不到内部结构状况。而对籽料而言，云絮越细密越好。新疆白玉的一般籽料，在经过点光源侧向照明后，为云絮状基底，其中散布透明度不等的细小斑块。羊脂白玉在经过点光源侧向照明后，会呈微透明的密集云絮状，均匀分布。俄罗斯籽玉一般云絮结构较大，同时夹杂斑块结构，但也有少量很细的以至看不到结构。

△ **白玉连年有余荷叶洗　清中期**

长22.5厘米

此件玉洗以整块白玉雕琢而成，质地润泽，整体仿生雕琢莲叶，侈口弧壁，巧雕叶茎与嫩叶盘绕于下为足。里心浮雕鲶鱼一尾，圆润肥美，颇为可人，莲叶经脉及虫洞清晰可辨，细若发丝，生动巧妙。此器精雕细琢，莲叶鲶鱼谐音“连年有余”，纹饰寓意吉祥。

△ **白玉福寿纹福字挂件　清代**
高6厘米，宽4厘米，厚0.3厘米

△ **白玉兽面纹花篮挂件　清代**
高5厘米，宽4厘米，厚0.3厘米

新疆白玉山料的内部云絮状纹理松散，常出现长条状、长丝状。而俄罗斯白玉山料里的云絮状纹理呈团块状，夹杂很多蟹爪纹，同时结构松散。值得注意的是，对籽料而言，只有少数打光看不到结构，青海白玉打光更看不到结构，因为青海料其实并不是云絮结构细密，而是云絮结构发育不全，放大以后，会发现其更多的是叶片状与纤维状交织而成束状、毡状结构，并有黑褐色翳状斑点或絮状棉绺。因此，打高光后看不到絮状结构的以优质俄料和青海老料居多。

△ **白玉洒金童子献寿荷叶洗　清中期**

长12.3厘米

△ **白玉童子佩　清中期**

宽6.5厘米

此佩取材白玉，精雕细琢而成。童子跪坐，身下为波纹，头束高髻，背倚数只荷叶莲蓬，手持荷叶荷花，喜笑颜开。玉鹅紧傍其身，用嘴轻啄荷柄。玉料温润，雕工精细，童子五官鲜明、表情生动，荷叶脉络清晰，莲蓬粒粒可见，鹅羽丝毫毕现，连底部波浪纹饰亦丝缕清晰，可见玉人之精雕细琢，一丝不苟。构图巧妙而严密，整件作品看上去意趣盎然，极具把玩之趣。

△ **白玉洗桐图山子　清中期**

高24.5厘米

此件白玉山子造型奇伟，取材整块和田白玉圆雕而成，山子正面圆雕洗桐图，几株高大的梧桐树下，倪瓒手捋须然，立于庭院之中，向上仰望，两个童子分立树上与树下，一人抱桶，另一人攀于高枝，洗刷梧桐，场景简洁明快。整座山子石纹宛若天成，犹如斧劈刀砍之状，所刻人物神态自若，动作丰富，与疏朗挺立的疏桐形成对比，层次鲜明，雕刻十分精湛。

△ **白玉连年有余手把件　民国**

长7厘米，宽4厘米，厚2厘米

△ **白玉锡口粉盒　民国**

长6.5厘米，宽.4厘米，高2.2厘米

△ **白玉镂雕如意灵芝挂件　民国**

长8厘米，宽3厘米，厚1厘米

◁ 白玉四出戟云纹璧　明代

直径4.6厘米，孔径0.7厘米，厚0.5厘米

八 白玉并不是越白越好

白玉的白必须与其本身的质地相符合，才会显示天然的美质。温润细白就能赏心悦目，白的脂润更能诠释白玉之美。而有些白玉白得并不好看，有惨白、苍白、灰白等感觉，更有白玉带“瓷”“阴”的现象，俗称“死白”，同样也影响它的价值。一般来说，在质地相近或相同的情况下，白玉以色白者为最优，无论山料、籽料、戈壁滩玉还是山流水玉，都是以色越接近白色越好。但颜色对于白玉的重要程度，不及对翡翠来得那么突出，翡翠颜色相差一点，价值就会相差很多。

玉不一定是越白价格就越高，业界资深藏家就认为羊脂白不是纯白，而是带有油脂光泽的白。这里要建议广大藏家，千万不要把白玉“越白越好”的说法看成是唯一不变的真理。收藏白玉，若只强调白，而忽略了质地，那就走向片面了。

◁ **白玉仿古璧　明代**

长8.5厘米

本件玉璧以白玉为材，玉质紧密而凝润，色白如雪。呈璧状，中空圆环，表面琢磨为涡轮状，并雕刻画双线变体纹样，类似于商周时期玉器双钩变体龙纹，但以缺乏传统规制，随性而作。玉璧上方雕刻一条赤虎纹样，吻部及尾部各作一穿孔，趴伏在玉璧之上，身体上刻画纹路。整器造型规整，仿古而作，古韵油然而生。

△ **白玉菱花佩　明代**

长6.8厘米

该件玉佩选材白玉，黄褐浸色。整器呈八瓣菱花，但双面雕琢的各不相同。一侧中心花蕊浑圆，为八卦图案，另掏两小孔未透。花瓣依次叠压，叶片内部内凹，表现出花瓣的自然状态，并以单线刻画叶片纹理，流畅舒展，雅趣盎然。另一侧中心花蕊锦地而作，周遭花瓣呈螺旋状依次排开，好似涡轮之势，回旋盘绕。

△ **白玉圆雕童子戏荷摆件　明代**

高5.6厘米

该摆件以白玉为材，周身带皮色，白色凝润，而皮色黄褐，周身油润。圆雕一童子，阔额圆脸，笑意盈盈，身着长袍，双手举在右肩，同握夏日碧荷于身后。憨态可掬，喜气洋洋，人物眉目、衣褶，寥寥数刀，刻画的细致入微。体量小巧，是一件灵动可人的小摆件。

△ **白玉盘　清嘉庆**

直径14.2厘米

玉制品的使用在清宫向来被严加控制，其规范较瓷器、漆木器甚至金银器的使用更为严格。如乾隆年间所定“铺宫”中规定的日常用品，仅皇太后、皇后各可用“玉盏金台”一副，其他等级的人皆不配用玉器，显示出玉质用器的尊贵地位。此件嘉庆朝白玉盘即属此类宫廷御用器。

△ **青玉大碗　清乾隆**

直径17.2厘米

青玉碗一只，器身较大，圆口微撇，弧腹渐收，下落圈足，造型规矩，底落“大清乾隆年制”双行篆书款。青玉胎体较薄，外壁光素无纹，色泽透亮，质感极强，素雅端庄，展现了大自然的鬼斧神工，既可陈设，亦可把玩，或为皇家御用之物，具有一定的艺术、收藏价值。

△ **白玉手镯（一对）　清中期**

内径5.3厘米

△ **龙凤呈祥**

直径5.5厘米，重77克

此器材质为老坑籽料碧玉，质地细腻致密，油润光洁，手感温润。作品雕琢栩栩如生的龙凤，象征着富贵与平安。

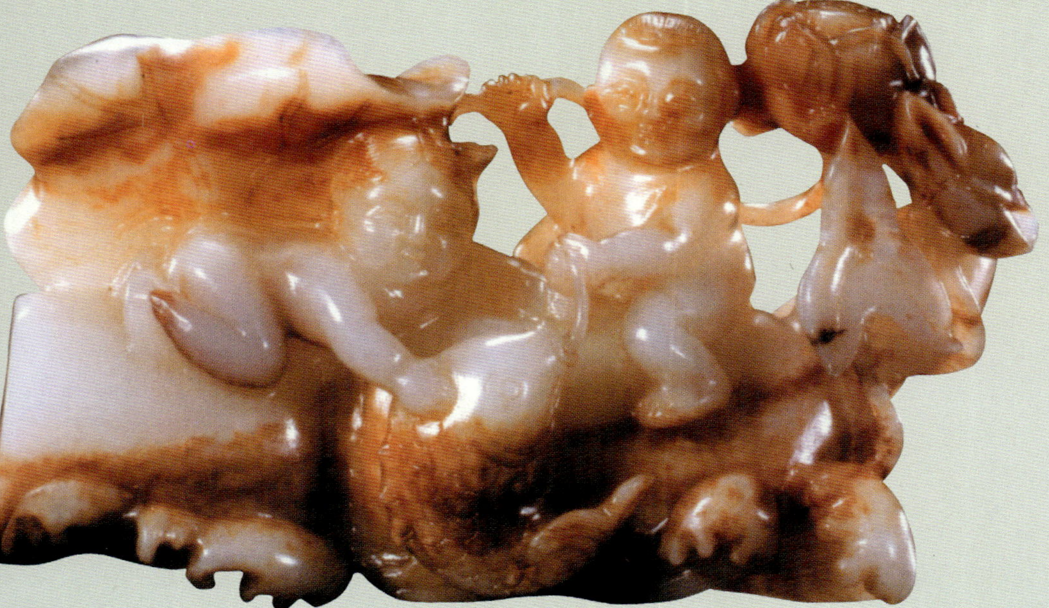

第四章

白玉的收藏方法

◁ **白玉双马　明代**

长6.5厘米

一 白玉评估的五要素

在选购白玉的时候，一般应评估白玉的综合品质，评估要素大体而言有五个方面，即白、润、细、韧、俏。

△ **青玉卧虎挂件　明代**

长6.1厘米，宽3.2厘米

1 | 白

白玉的颜色特征为“白”，然而白却有不少种不同的色调，例如冷白和暖白，青白、灰白和粉白，润白、僵白、燥白、脂白和透白等，不过，种类繁多的色调根本就不是孤立地存在着的，且关系到玉的内在质地，最关键的是，其内在质地和颜色能否自然而然地搭配，如果搭配得好，当然就是优质的玉了。

2 | 润

“润”指的是滋润、温润，其实是相对于干燥来讲的。“滋润”具体指的是白玉油脂性光泽会让人有愉悦感，它的油脂性光泽不亮眼，不强也不弱，文雅而柔和；“温润”具体指的是用手触摸玉之后产生的感觉，古人常常用“体如凝脂”四个字来形容。

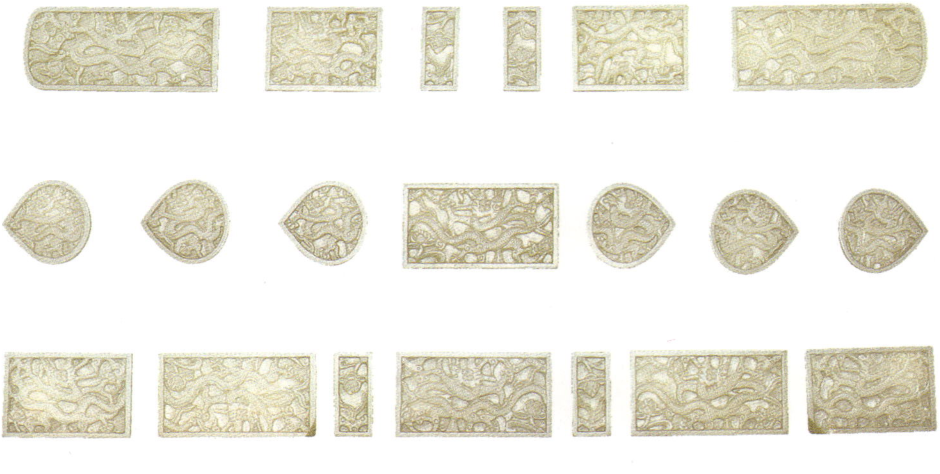

△ **玉雕龙纹带板（一套）　明代**

尺寸不一

此套明代龙纹带板共由20块组成，较小带板正面雕剔花卉纹，较大带板正面雕剔阳起云龙纹，龙身细长，上阴刻龙鳞，四爪呈轮形，双眼圆睁，具有鲜明的时代特征。更大者另有喜鹊、荷花陪衬。背面穿孔可供系挂。此套龙纹带板保存完整，非常难得。

△ **玉雕观音佛坐像　明代**

高15厘米

此尊观音像三面六臂，束发高髻，头戴五叶花冠，冠面华丽，饰宝莲瓔珞，弯眉修长，形如新月，垂目微闭，双目内敛，略俯视，高鼻丰唇，双耳垂肩，佩耳环、瓔珞。在人物雕像中最为重要的就是头部及开脸，特别是佛教造像，对佛像的面部神态韵味要求更为严苛，非手艺高超之工匠难以胜任。此观音佛面部玉质洁白通透，温润细腻。面相丰满圆润祥和，神态庄重。左右两肩各有三手，主二臂左手上举，右手托放腰间。后二臂各执法铃等法器于体侧，上二臂上举。主臂后臂臂弯处各有一只眼睛。细腰，两腿相盘，脚面朝上，呈结跏趺坐于仰覆束腰双莲台上，莲瓣宽大饱满，尖端饰卷草纹。上身袒露，宝珞严饰，帔帛飘逸，垂搭于座前，胸前满饰瓔路，项饰华丽。下着绸裙，衣纹流畅自然。

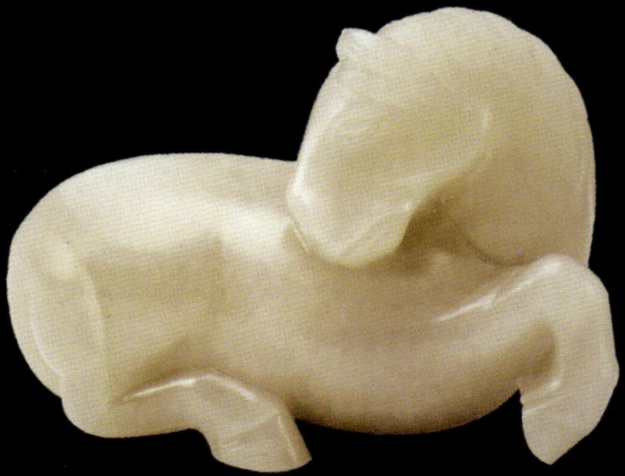

◁ **青白玉雕回首马摆件　明代**

高5.5厘米

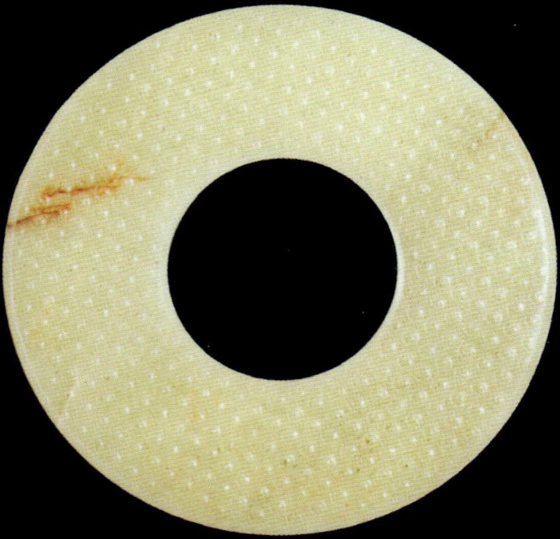

▷ **青玉璧　明代**

直径13厘米

3 | 细

“细”指的是玉的内部结构紧密，正因如此，才造就了白玉质地细腻，洁净无瑕，脉理坚密的品质。

4 | 韧

“韧”是指白玉具有刚韧兼备的品质，经得起雕琢，不容易断裂，便于人们进行收藏。

△ **灰玉饕餮纹仿古钟　明代**

高18厘米

▷ **青玉带皮瑞兽　明代**

宽7厘米

▷ **白玉雕人物山子　明代**

长15厘米

△ **玉雕卧狗　明代**

长8.3厘米

5 | 俏

“俏”指的是皮俏，“有皮者价尤高”这句话是行业内人士所达成的一种共识。皮色的种类繁多，如秋梨、糖红、白、黑等。行业内往往是以外皮的颜色来命名籽玉的，例如，“乌鸦皮籽玉”“鹿皮籽玉”“桂花皮籽玉”“白皮籽玉”“枣红皮籽玉”“虎皮籽玉”“黑皮籽玉”“糖皮籽玉”等。其中的“桂花皮籽玉”和“枣红皮籽玉”是最名贵的。

总之，白、润、细、韧、俏这几点相互作用，相互联系，它们之间自然形成不同种类的组合，深刻体现了白玉的价值、品位和玉料的不同。

△ **白玉福寿桃形盒　明代**

长10.8厘米

△ **白玉兽面纹洗　明代**

高7.4厘米

◁ **青白玉雕双龙戏珠镯　明代**

外直径7.7厘米；内直径6.0厘米

双龙戏珠玉镯是明清时期十分流行的镯式，具有吉祥福瑞的寓意。拍品取优质青白玉为材，琢作二龙戏珠形，镯式浑圆饱满。龙双首连体，眼、鼻、吻部用浅浮雕突出，耳、角、发绺则以流畅的阴线刻画，嘴部施以镂雕表现张口露齿之状，雕工简练。带金黄色沁，如朝霞映日，气息古朴。流传良久，包浆温润。

△ **玉雕八仙寿星执壶　明代**

高21厘米

此执壶取材厚重。子母口，钮盖雕一寿星，斜倚梅花鹿呈侧卧状，左臂以鹿颈下方为支撑点，浑然一体。壶身扁圆状，直口，束颈，阔腹，高圈足外撇。通体雕刻纹饰，颈部及腹部一周环雕八仙过海，各显神通。足边浅刻祥云纹样，壶流直挺，同样饰以吉祥云纹。柄部曲转，姿态优美，螭龙图案，古朴凝重。　明代中后期的嘉靖、万历皇帝均信奉道教，梦想着自己能够长生不老，成为神仙，故此一时期各类艺术品之装饰多有道教符号，以长寿题材较为常见。此玉壶周身的寿星、八仙、祥云等无一不是充满道教符号的色彩，表达了人们祈愿长生不老的心愿。

△ **白玉释迦佛像　清代**

高15厘米，宽10厘米，厚5厘米

△ **黄玉螭龙纹如意　清乾隆**

长32厘米

二 白玉收藏的六大误区

在现今社会，佩玉、藏玉已成为多人的一种生活时尚。对于收藏者而言，要更好地鉴赏白玉、收藏白玉，就要谨防以下六大误区。

1 | 忌只收藏籽玉

众所周知，中国的软玉主要产于阿尔金山和昆仑山地区。那么，什么是籽玉呢？籽玉是指沉积在古河床和山前冲积扇中的呈卵形的软玉原料（次生砂矿）。其物原也是来自于山流水（河床中的转石）和山料（原生矿）。无论籽料还是山料，评价白玉，主要看白度、光泽、质地和加工工艺四个方面，而和其产出状态无关。换言之，无论是籽料还是山料，玉质都有好有坏，并不是说山料就一定质量差，籽玉就一定质量好。市场上很多品质很好的成品，往往都来源于山料。非籽料不求，是收藏者当前最大的误区。

◁ **白玉三钴金刚杵　明代**

长13.5厘米

此件金刚杵形制甚为少见，通体取材于白玉雕琢而成，不同于普遍金刚杵之样式，柄部较长且雕饰有人头等藏传佛教法器题材为装饰，其下有阴线暗刻“永乐年制”无框四字单行篆体款。上下柄部亦以阴线雕刻莲瓣纹，上饰龙口三钴，雕琢技法精致略带朴拙，可与同类明代玉雕作参，且明代玉器落年款者极为少见，2013年香港佳士得一件白玉透雕瑞兽饰落有“大明宣德年制”款，以231万元港币成交，可见此类明代有款玉饰之珍。杵中间一钴，表示佛之“实智”；外围四钴，表示佛之“权智”。而外围两钴向内弯曲，表示“权智”必归“实智”之义。杵为上下两端，上下钴状相同，表示佛界、众生界同具五智之义。

△ **玉菊花龙玉兰花形花插　明代**

高18厘米

花插取大块白玉雕就，随行取景，随料取意，雕龙玉兰，形致柔婉，线条流畅，下锡玉菊花，周环缠绕，花形生动，构图美好，以白玉兰花喻君子美德，足见古人取意祥吉。

△ **青白玉卧犬　明代**

长5.7厘米

玉呈青白色，坚密莹润，局部有褐色沁斑，立体圆雕伏卧状犬，两只前爪弯曲前伸，回首后视，一幅思索之态。犬首微昂，鼻尖上翘，后爪盘卧，犬尾粗壮，卷翘盘于腹部，背部有突起小谷纹。作者采用写实的手法，形态鲜活逼真。玉质纯然，色泽温润，整体效果显得古朴、庄重。

△ **玉雕卧羊　明代**

长7厘米

◁ **旧玉马　明代**

长8.5厘米

玉马呈俯卧状，四肢蜷缩于身下，马尾盘护，马首回望，以极细腻之和田玉雕琢而成，通体雕刻线条舒展灵活，生动自然，玉马表情温驯可人，活灵活现，讨人喜爱。马身多处沁色浓郁，突显了玉材的滋密与润泽，为典型明代玉雕风格，十分珍贵。马作为古代重要的代步牲畜，在日常生活与国家军事活动中占有重要的地位，而龙马精神，名扬千里，马到成功，马上封侯等吉祥寓意，又引申和升华了人们对马的喜爱，使之成为了传统文化中反复歌颂和标榜的文化符号，并在多种艺术之中加以创作，此件玉马即是其中的珍品之一。

△ **黄玉龙凤兽面纹仗首　明代**

高11.7厘米

2 忌只收藏和田玉

许多求玉者在挑选白玉时都要问："是'和田'的吗？"这表明问话人对"和田"二字根本没有充分的了解。"和田玉"得名的原因，主要是由于和田地区是发现较早的软玉产地之一，因此在历史上，人们就将白玉俗称为"和田玉"。在广义上，"和田玉"就成为了白玉的代名词。其实，即使在古代，白玉的产地也并不仅限于和田，于田、且末等地也都是非常著名的白玉产地。

目前，昆仑山地区仅大的矿点就有二十多处。另外，产于俄罗斯西伯利亚地区，被业内称为"俄料"的白玉原料也大量流入国内。"俄料"洁白、无瑕、细腻，是上乘的原料，由于流通中的误导，只有标称"和田玉"，才能在市场上占有一席之地。其实，只有完美无瑕的玉质才是最难求的，因为它是不可再生的，其生成有非常苛刻的地质条件，是上亿年前海西运动的产物。

△ **白玉留皮海屋添筹山子　清乾隆**

高21.5厘米

此件玉山子选料硕大，材质上乘，玉质洁白温润，雕刻别具匠心。山子一面浮雕海屋添筹典故，底部雕海水波涛纹，汹涌澎湃，浪卷千尺，岸边一株桃树结出累累硕果压弯了枝头，自海中腾起的祥云托举出一座宏伟壮丽的楼阁，上部一只仙鹤口中衔着一支竹筹，飞翔于云层之中。近处波浪涌起，远处寿山高耸，危崖嶙峋，山峦叠嶂，挺拔秀逸。另一面保留了大片山子原有皮色，一只瑞鹤立于古柏苍松下，布局疏朗有致，层次分明，实与明清山水画境的表现有异曲同工之妙。

△ **白玉留皮喜上眉梢坠　清中期**

长3.5厘米

此坠以圆雕加透雕技法巧作喜鹊登梅之景，百花雕刻精细，喜鹊立于枝头，回首顾盼，灵动非凡。喜鹊登梅是中国传统吉祥纹样，因“梅”与“眉”谐音，喜鹊名中有一“喜”字，故以喜鹊落在梅花树枝上比喻喜上眉梢，用以形容喜事将到。

△ **白玉群仙祝寿山子　清中期**

高17.5厘米

该山子选上等白玉琢制，以经典的祝寿题材为装饰，尺寸小巧，精雕细琢，并巧留玉皮以渲染，别具风韵。正面山石嶙峋，树木丰茂，亭台石级若隐若现，众仙立于山林各处，均举目仰面，遥祝贺寿，雕刻生动传神，虽只盈寸之地，却独具苍远的空间感，小器大样，颇有气场。背面山石更是粗犷大气，由大片的留皮营造出葱郁苍劲之感，不再雕饰热闹场面，只有一只瑞鹿悠闲行走，亦是仙气纵横。

△ **白玉留皮太狮少狮摆件　清中期**

长6.4厘米

摆件以上乘白玉圆雕二狮，玉质洁净，局部留皮以增天趣。大小二狮团团相对呈嬉戏状，形态憨拙可爱，且整体造型圆润，非常适宜把玩。

△ **白玉高浮雕文玩牌子　清代**

高5厘米，宽4厘米，厚1厘米

△ **白玉榴开百子佩　清中期**

高6.4厘米

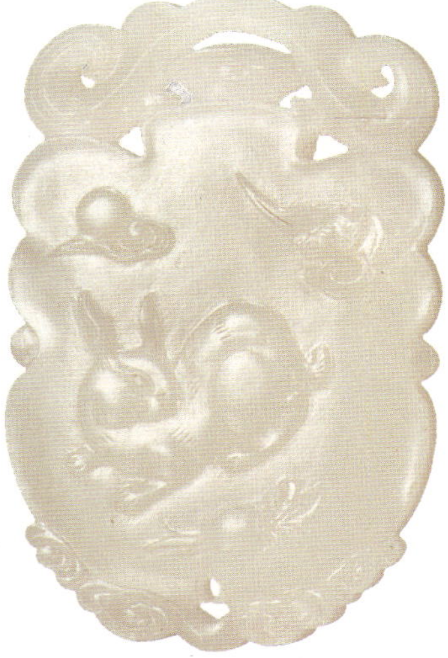

△ **白玉玉兔望月佩　清中期**

高6.7厘米

3 | 忌只收藏皮子

所谓皮子，是原料表面的一层风化皮壳，主要是含锰质、铁质的地下水对玉质的一种侵蚀。中国玉石历史上一直沿袭着一个严格的赏玉标准，即美玉无瑕。在雕琢中，皮壳是要被去掉的。直至清朝，出现了不雕刻花纹的素面挂坠和手把件，上面留有一点皮子，被巧雕成吉祥物，形成一种颜色和点缀的反差，也可以称得上是工艺上的一种创新。但主体的玉质还是润泽洁白的。但现在，很多藏玉者陷入一个误区，认为有皮子的才是有价值的白玉，而不考虑玉料的主体是否完美，这是错误的。

4 | 忌只重产地，不辨玉料

由于价格相差明显，许多不法商人为了牟取暴利，在一些正宗玉料的产地出售结构极为相近、类似本地玉料制作的玉器。而人们也通常相信，在当地购买的玉器一定是当地某种玉料雕琢的玉器。例如，在新疆，人们常常买到青海白玉、俄罗斯白玉的工艺品。这是因为两者在结构和成分上，与和田玉有相似、相近的特点，一般人从外观上很难区分。许多人甚至还在青海买了白色的佧佤石玉器。为了防止此类现象发生，就需要收藏者打好功底，慎重选择。

△ **白玉雕天禄纹摆件　清早期**

长11厘米

白玉辟邪摆件取材整块和田白玉，采用立体圆雕手法琢制而成。神兽呈卧伏状，昂首伏卧，双眼圆睁，口微张，长须垂胸，体态圆润修长，蜷曲后仰，神情警觉，似伺机待扑，尾向背卷并紧贴，呈三绺花状。

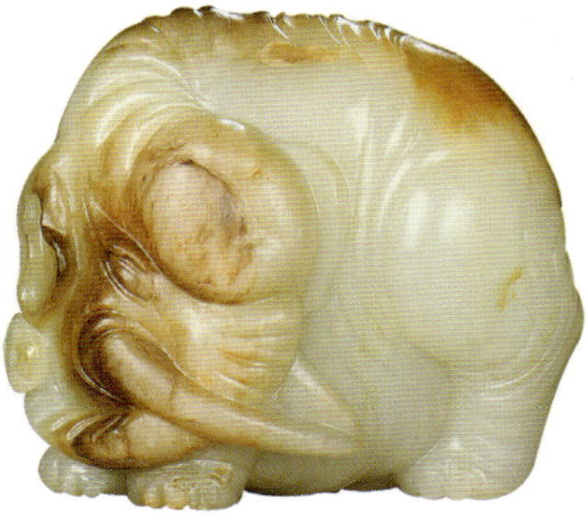

△ **白玉雕象纹摆件　清早期**

长6.5厘米

此摆件为和田白玉质，细腻温润，圆雕大象，象身肥硕丰腴，肉纹如流，四肢粗壮如立柱，象低首，双耳垂于脑侧，象牙如矛，长鼻卷于颌下，双目微闭，神情恭敬温顺。

△ **白玉雕瑞兽纹摆件　清乾隆**

长12厘米

白玉雕成，玉质清润，洁白如脂。圆雕而成，体态健硕，四肢蜷卧，肌肉饱满，神情肃穆。背上一小兽攀爬其上，与大兽相对而望，跃跃欲试，神态可掬。

△ **白玉雕连年有余纹摆件　清早期**

长20厘米

此器为上等新疆和田白玉雕成，局部留皮，色泽丰富。以写意手法圆雕鲶鱼，鲶鱼圆眼阔嘴，口衔水草，身体扁平肥硕，尾鳍翻卷，状如灵芝。鲶鱼身体两侧浮雕莲花荷叶，叶边卷翘，叶筋脉络隐约可见，立体感极强。

△ **白玉雕双龙赶珠纹双耳瓶　清乾隆**

高13.5厘米

此件玉瓶以整块和田白玉为材雕琢而成，质地细腻，造型方口深腹，下敛承圈足，瓶身两侧出双耳为柄，琢双龙盘旋其上，龙首高昂相对，作抢珠状，龙须舒展，龙身穿于其间，身形矫健，与器身海浪纹相呼应，大有倒海翻江之势。

5 | 忌只慕名气，不识工艺

人们往往都相信，在某个知名的琢玉地所买到的，就是该地工艺的玉器，这是仰慕好工使然，自然是无可厚非。以苏州为例，苏工，尤其是小件玉饰，天下闻名。但由于苏州的玉器加工业发达，技术交流频繁，从而导致苏州当地出售的玉器鱼龙混杂。以工匠为例，不但有土生土长、从小在玉器厂学艺的传统派，还有曾在上海、北京等地的专业单位打过工的巧手，更多的则是从河南、新疆、安徽等地自带工人来苏州的艺人。由于师傅不同，工艺不同，玉器良莠不齐，自然工艺优劣不等，其产品大多被文庙或观前街的商铺采购后出售。再以新疆为例，相当一部分成品都是在南阳雕的。

因此，有志于投资收藏和田玉者，首先应当熟悉各地工艺的特点，方能得心应手。

△ **青白玉镂空花鸟纹镶嵌件　元代**

高6厘米，宽4厘米，厚0.8厘米

△ **玉螭龙谷纹璧　明代**

直径26厘米

玉璧色青而古旧，可见大面积赭红沁斑，沁色自然，深入肌理。正中圆穿，孔型规整，磨痕清晰。双面工，纹饰以双阴线作分，内部满饰谷纹装饰，走刀利落，刻画匀一，密而不乱。外部浅刻一首双身之螭纹一周，绵延不绝，其上加以深凿阴刻线，使为双层纹饰，图案抽象古朴，取自上古青铜器而又有延伸发展。

△ **白玉高士双耳杯　明代**

宽10.5厘米

这件白玉高士双耳杯选材精良，造型典雅端庄、气势恢宏、落落大方。该器通透明亮、清爽朗润，给人稳定而持重的质感。杯身左右对称装饰龙形执耳，微敛口、弧腹、平底矮圈足，晶莹透亮，置地有声。杯身外壁以浅浮雕手法饰高士人物纹，线条流畅，刀工精细，凝练致密而显得古典华丽。器身通体明亮莹润、纯洁干净，器体坚实，造型饱满，保存完好，颇为不易。令该器更为出彩的是龙形执耳，简约大气，生动活泼，造型精妙传神，不失为一件难得的艺术佳品。

△ **灰白玉琮　明代**

高6.3厘米

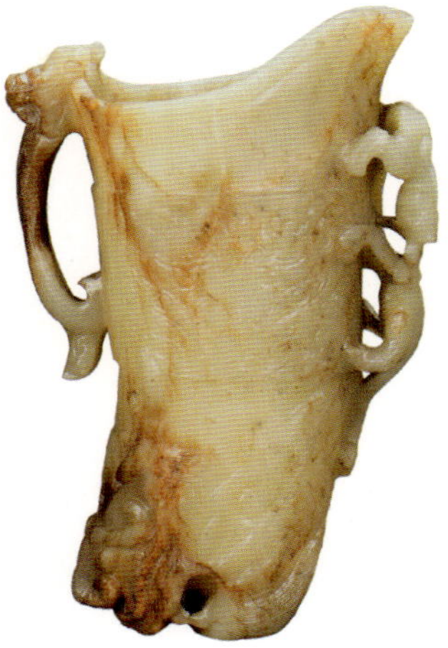

△ **玉雕螭龙觥　明代**

高17厘米

△ **白玉鹰桃洗　明代**

宽10.2厘米

△ **白玉镂空人物挂件　清代**

直径6.5厘米，厚0.4厘米

整件以白玉琢成，玉质青白，造型圆润饱满，古朴沉稳，所选白玉色泽洁白素雅，整体呈寿桃形整挖做水洗，茎部镂雕琢一雄鹰于上，展翅欲飞，寓意吉祥福寿；底部及周围攀满桃树的枝叶，树上结桃果置于洗口沿之外。整器经营错落有致，雕工刀法娴熟精湛，器表打磨光滑，细微之处干净利落、构思巧妙，清雅淡趣。此件雕刻手法纯熟，观赏之下整器自然、形象灵动而富有生气，雕随玉质；玉色白中略带褐色斑点，古风悠然，整块玉洗雕工精细，图案繁而不乱，细观之尽显明代雕玉之高超技法。

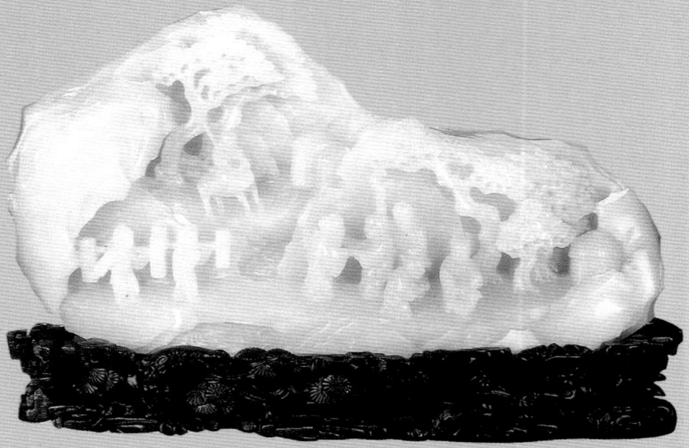

△ **白玉雕松山访友纹山子　清乾隆**

长22厘米

此玉山子即为清代乾隆时期苏作的典范，其工艺繁杂，雕刻精湛，将传统圆雕、镂雕及阴刻等各种工艺结合运用，巧借玉石自然形态纹理，构思巧妙，布局合理，层次分明，极富立体感，让人仿佛置身于叠叠山峦之中，颇有“曲径通幽处，禅房花木深”之情境。

6 | 忌只论规矩工整，不识机制手工

随着电脑雕刻、超声波压型、机械喷砂、电火花切割等技术的广泛应用，批量生产、工艺稳定、时间短暂、滚筒抛光封蜡后即出成品的玉器大量涌入各地市场。这类玉器由于成本较低，特别适合纪念、庆典，因而受到多数纪念、庆典、福利、颁奖之类活动组织单位的青睐。倘若爱玉者只是选购一两件玉器佩带或赏玩，自然并无不妥之处，但以获利为目的的玉器收藏者，对于这类机械制造的玉器则应慎重选择。因为这些玉器千篇一律，已不是传统的工艺，增值空间肯定有限。另外，玉器藏家需注意的是，有些玉器是在利用现代技术成型之后再施手工，略加修改，留下雕琢的痕迹，从而乱人眼目，尤其是对于有点名气的师傅作品，更应当加以注意。否则，即使是行家也可能会走眼。

△ **青玉饕餮纹出戟方觚　明晚期**

高20厘米

△ **白玉五福万代瓶　清代**

高14.2厘米

玉瓶以整块质地纯美之和田白玉料圆雕内挖而成，玉匠构思巧妙，将整个瓶身雕琢为布袋锦囊之状，小口大肚，以丝绦紧口，大有财源厚积，能容广纳之意。一只猛兽攀附锦袋边缘，回首望花，似有所思，瓶身各处还点缀五只蝙蝠，寓意五福捧寿，福寿万代，福保平安，观之令人目不暇接，是为不可多得的玉雕佳品。

△ **白玉芭蕉仕女摆件　清代**

高9厘米，宽7厘米，厚4厘米

△ **白玉雕吉庆有余纹水盂　清乾隆**

长9.8厘米

此水盂用整块和田白玉制成，莹润细腻，质若凝脂。器呈桃形，口沿内敛，下承三足，足作蝙蝠状，与两侧双耳之蝙蝠合围于桃形洗之侧，以为五福捧寿之意。口沿浮雕一罄，与喜字绶带相系，垂于外壁，贯穿前后。此器小巧精致，圆润饱满，寓意祥瑞，意趣盎然，可设于案头赏视。

△ **青白玉春光万寿执壶　明晚期**

高23厘米

三 不同收藏者有不同的收藏市场

我们始终认为，只有真正爱好艺术和有着保护文化遗产理想的人，才有潜力成为真正的收藏家，而不同的收藏者，价值观完全不同。从收藏行为方面来说，大多数人都是爱好收藏者，敢于用一个月的收入来购买一件藏品；少部分人是收藏者，敢用一年的收入来购买一件藏品；只有极少部分的人是收藏家，敢于用毕生的积蓄来购买一件藏品。这种收藏家必定有丰富的鉴赏经验和理论知识，而且非常理性，明白自己想要什么。上好的艺术品是与其艺术价值是相匹配的，必定昂贵，这同样也是上好的白玉工艺品远离普通收藏者的主要原因。

其实，国人收藏古玩，往往以家族或个人占有为目的，在社会稳定的前提下，一件有价值的白玉工艺品一旦被收藏，至少要经历三代人才会重新出现在市场上，正因如此，市场上好的艺术品并不常见。

△ **青白玉带皮鹅衔莲摆件　明晚期/清早期**

长9厘米

△ **白玉巧雕喜事连连洗　明晚期/清早期**

宽21.1厘米

△ **白玉卧犬　清早期**

长8厘米

这件清代早期的白玉卧犬，造型生动小巧、材质温润、细腻纯净、温和安静、巧妙精细。其质地精良，莹润凝练，色泽柔顺，使人倍感平静。玉犬前足直伸，后足撑起臀部，头部轻置于前足，双眼直视，双耳后伸，尾巴由上向下卷曲，背脊健硕，四肢粗壮，身形修长，整个身躯呈一字排开，神情闲适，小巧可人，品相佳美，包浆温润古雅。该件立体圆雕，大小适中，入手盈握极具质感。以最简洁的方式雕琢，构思精巧，风格简约，打磨光鲜平滑，整体工艺细腻而娴熟，是一件难得的文房摆件。

△ **白玉雕花卉双环耳洗　清乾隆**

长23厘米

此洗造型规整，花瓣形敞口、深腹、圆底，底承四如意云足。双耳别出心裁，雕莨菪花盛开于洗口，其下各衔一环；洗内底中心雕花蕊，花瓣层层绽放，朵瓣娇柔，颇具立体感；外壁亦浅浮雕花卉，与洗内相对应，清雅淡丽。

▷ **白玉飞天挂件　唐代**
长7厘米，厚0.3厘米

四　白玉收藏应注意的易混淆品种

目前常见的“白玉”大约有青海白玉、俄罗斯白玉、京白玉、水白玉、岫玉等几种，以假乱真，外行人很容易看走眼，肯定会上当。当然，如果在金钱上没吃亏，以等值的价格买了等值的“白玉”，也是可以的。

不过，这几种“白玉”到底应当如何识别呢？只要掌握了结构、密度、硬度、色泽这四点，大致就可分出真假。

1｜和田白玉

真正的新疆和田白玉，产自昆仑山北侧，玉质柔润细腻，坚硬而有韧性。产自河流中的籽玉，更是非常稀少，因而非常珍贵。由于白玉资源几近枯竭，开采难度大，所以价格昂贵，1千克上好的籽料，约为十几万元人民币。

和田白玉的密度大，为2.9克/立方厘米～3.1克/立方厘米，“够手头”，比其他玉料要压手，只要用手一掂分量即可区分。硬度大，为6～6.5，如果用白玉划玻璃，可以非常容易地划出道子，因为玻璃的硬度小，只有4。而用刀子，即使是铁制的也划不动白玉。

◁ **白玉圆雕瑞兽摆件　清早期**

此摆件，白玉圆雕瑞兽。一兽匐卧，圆目，口微张，头竖双耳，中立独角，慵懒模样甚是喜人。兽身壮硕，素洁光润，其卷尾舒展，丰足劲健。整观，白玉地润洁，工刀严谨。

△ **青白玉雕仿古兽面纹觥　清早期**

高19.5厘米

这件清代早期的青白玉雕仿古兽面纹觥，造型优美、典雅大方，兼具古朴之风、自然而秀丽。青白玉质，光洁莹润，致密温和、洁净柔顺。该器工艺精湛、技艺高超，采用圆雕、透雕、浮雕及线刻技法，完整地展示出奇特的造型和优美的纹饰。器身由上至下装饰有多重纹饰，器耳以螭龙装饰，身肢健硕、气势威严；流部下方附加一鸟兽形耳，其下方有圆形衔环。器身主体雕饰仿古兽面图案，纹饰流畅优美，画面宁静自然。

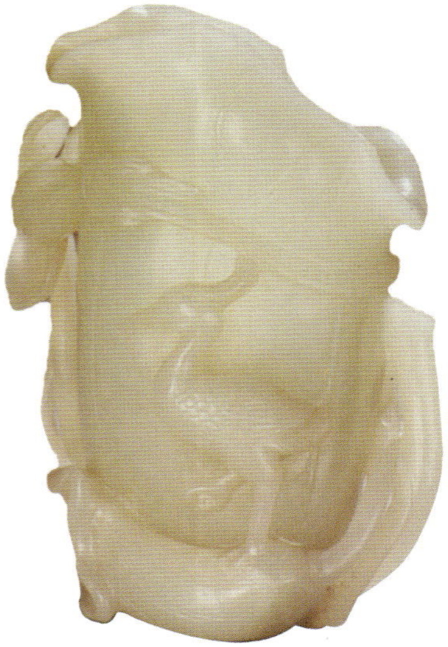

△ **白玉一鹭连科摆件　清早期**

高12.5厘米

摆件白玉质地，油润光亮，堪比凝脂。形如包袱，呈荷叶上翻包裹状，茎叶自上而下，蜿蜒曲折。正中又有一白鹭立于横躺荷叶之上，神情愉悦，体态修长，冠羽上翘，羽翼丰满，闲庭信步，优美自然。整器构图清新疏朗、前后有序、左右和谐，给人以简洁明快之感。鹭在古代属吉祥鸟，曾是六品文官的服饰标识。“鹭”与“路”同音，“莲”与“连”同音，故谐音“连科”，谓之“一路连科”，此语是对应试生的祝颂，寓意连中三元、金榜题名，也可寓意事业通达。

和田白玉的白色有若干种，其中最为名贵的是羊脂白。但是，无论是哪一种白色，都有基本的特点：颜色凝重沉稳，华贵却并不空泛，光芒内敛，显得厚重。

和田白玉是由闪石类矿物组成的特殊集合体。在岩石中，透闪石呈非常细小的纤维状晶体，而且彼此紧密地交织在一起，就像毛毡一样，因此细密坚韧，温滑柔润，光洁如脂。这是区别于其他玉石的特征之一，需要在显微镜下才能观察出来。

△ 白玉浮雕四君子方笔筒　清乾隆

长5.1厘米，宽5.1厘米，高9.6厘米

此方笔筒白玉为材，玉质润泽，色度洁白，堪为上乘之石料。笔筒呈方形，四壁边缘分别起棱，内部剔地雕琢梅兰竹菊四君子纹样，并配以青山绿水，图景布局考量周全，如同四幅山水画作，文人气息浓郁。

△ 白玉瓜蝶纹瓜式水呈　清中期

长16.7厘米

白玉质，水成为瓜形，以阴线表示瓜之棱，中部掏空，椭圆口，深腹。器身缠绕一果实累累的瓜藤，枝干屈曲，叶子宽大，覆于瓜上。最妙为左右两只蝴蝶，似飞翔于瓜叶之间，蝴蝶丝缕清晰，使得构图动静结合，富有诗意。

△ 白玉雕父子同禄纹摆件　清乾隆

长16.5厘米

此器为和田白玉质，细腻白润，局部烤色。圆雕一大一小两只梅花鹿，大鹿身形健硕，伏卧于地，口衔灵芝，顺于脑后，神情安详和顺；小鹿卧于大鹿体侧，抬头仰望，顶负灵芝，活灵活现，顽皮可爱。

白玉小佛像　清中期

[illegible]9厘米

佛像以白玉圆雕而成，颔首，双目微睁，眉间雕白毫，和睦安详，螺髻发，着宽袖长袍，衣带飘洒自然流[illegible]。呈全跏趺坐姿，双腿相交脚面向上，双手仰放下腹前，右手置左手上，两拇指相接，施禅定印。胸前浮雕[illegible]卐”字。莲花底座，呈双层俯仰式，莲瓣饱满。

△ **白玉镂雕“长宜子孙”出沿双夔首玉璧佩件　清乾隆**

长11.2厘米

玉璧好上镂夔凤纹及镂雕篆书：“长宜子孙璧上端出沿，镂刻双夔凤顶如意云纹，镂孔可供系绳悬挂。”

2 | 青海白玉

青海白玉产于青海省格尔木市西南高原丘陵地带，主要以山料为主，未见籽料，产量巨大。它在物质组合、产状、结构上与和田白玉基本相同，只是密度和硬度稍低于和田白玉。要鉴别青海白玉，可以抓住两个要点：一是比较二者的透明度；二是一般青海白玉上都带有烟灰色、黄灰色的浸染，有较多的斑点、石花、絮状绵绺等，用肉眼即可辨别。目前，青海白玉的价格不高。

3 | 俄罗斯白玉

俄罗斯白玉产于俄罗斯奥斯宾地区，与和田白玉相比，密度和硬度都稍逊，化学成分差异很大，颜色偏灰，光泽较弱，缺少柔滑感，显嫩，不够滋润。目前，市场上的俄罗斯白玉价格不高，花百元左右就可以买到一块。

△ **白玉雕如意莲瓣纹盖盒　清乾隆**

直径8.2厘米

此盖盒无论从材质还是工艺，皆堪称典范。其质润若凝脂，华而不浮，整体呈扁圆形，上下相若，盖与身以子母口相合。平底矮圈足呈玉环状。盒盖圆形开光，以浅浮雕手法琢四兽面纹，线条刚劲、阴阳凹凸有致，工艺精到，整个画面构图饱满。

4 | 京白玉

京白玉产于北京西山，属石英岩类玉石，密度为2.65克/立方厘米～3.0克/立方厘米，硬度7。为颗粒状集合体，故性脆，断口粒状，玉质差者有砂性特点，微透明，有半油脂光泽。此即鉴别的要点。好的京白玉质地非常细腻，具有晶石亮度，抛光之后非常洁白，如同羊脂玉。

5 | 水白玉

水白玉是南阳玉的一种，产自河南，非常透亮，玻璃光泽，密度小，硬度6～6.5，分量轻，用手一掂，感觉轻飘飘。价格便宜。

6 | 岫玉

岫玉，主产于辽宁岫岩，密度2.44克/立方厘米～2.62克/立方厘米，硬度2.5～4，呈油脂光泽，半透明至不透明。岫玉的品种多样，常有色形似白玉者，其中最相似的是略有玉花的青灰色或清白色的品种。要区别白玉和岫玉，主要的方法有三种：第一种是悬空轻叩，白玉的声音凝重，岫玉的声音清脆；第二种是看透明度，岫玉更显透明；第三种是用手掂，岫玉的密度小，硬度低，拿在手里轻飘飘，白玉反之。

△ **白玉灵芝如意洗　清代**

长15厘米，宽10厘米，高8厘米

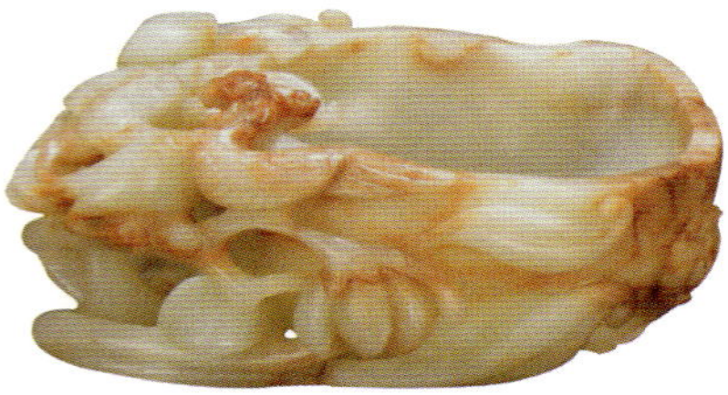

△ **白玉桃形凤纹洗　清早期**

宽14厘米

△ **白玉雕螭龙瓶　清早期**

高16.2厘米

整器以整块上好和阗玉料雕琢而成，色泽白洁光润，莹滑如脂，给人柔和含蓄之感，呈现华美温郁气质。此瓶端雅秀丽，高挑的瓶颈、挺拔的瓶肩，圆衬的瓶腹，收束的瓶底给人一种气宇轩昂的韵味。颈部与腹部高浮雕两只螭龙，盘绕瓶身互相追逐，一上一下，动感十足，显现出苍劲矫捷的气势。此器及高浮雕、镂雕于一身，造型古韵雅致，繁简互映，张弛有度，刀工简练明朗。

△ **白玉高士立像　清早期**

高18厘米

此件白玉高士立像即为清代玉雕作品中的精品佳作。其由整块白玉立体雕琢而成，玉色白润剔透，晶莹动人。高士面朝前方，面庞圆润，目光微敛，相容和熙。着长衫，左手持经卷，衣袖自然下垂，线条流畅飘逸。整像比例匀称，工艺精良，造型独特，柔美而不失庄重，庸匠难以望其项背。整器形象生动，情趣盎然；人物面目生动，写实灵动，打磨光润，抚掌赏玩，意趣无穷，乃为一件极佳之清代玉器摆玩作品。

△ **青白玉蟠螭洗　明晚期**

宽16.5厘米

五 白玉收藏的三大要素

凡是优质的白玉，颜色为脂白色，可稍泛乳黄色、淡青色，油脂性好，质地不仅细腻而且滋润，可有少量石花等杂质。级别最上等的白玉产地主要是新疆和田。和田玉质地致密，硬度6～6.5，具有极其稳定的化学性质，在玉石的行列中，和田玉的韧性和耐磨性都是第一名。在和田白玉当中，温润如羊脂、质地细腻的，被人们叫作“羊脂玉”。在白玉的“队伍”里，羊脂玉属优质的品种。

对于一件精美的玉器而言，除玉石的滋润细腻给人的温润美感外，人工的造型美、雕琢美及好的主题内容，也是不容小觑的。

白玉收藏应掌握以下三大要素。

◁ **青玉骆驼摆件　清17世纪**

宽15.5厘米

△ **黄玉雕菱式花觚　清早期**

高15厘米

菱式花觚以黄玉为材，质地纯净，色如蒸栗。造型仿自商周青铜觚而稍加变化，通身菱方形，器形瘦长挺括。光素无纹，仅于腹部上下起二层台阶，颈部、腹面及胫部略有弧线起伏，寓圆于方，转角线条皆笔直劲挺，张弛有度，体现了卓越的造型能力。工艺娴熟利落，掏膛规整，抛光细腻，质料珍贵，气息古朴典雅，体现了清早期高超的治玉水平。

△ **仿古龙纹圭璧　清早期**

长22.5厘米

青白玉质，有黑色瑕，淡黄色沁。此圭璧形制，以璧迭置圭之中间偏下，圭首长而圭邸略短；圭首端为尖状，中间起脊，圭邸平滑；玉璧迭置于圭之上，实心，仅用孔缘和玉璧边缘各饰一道宽凸弦纹，肉部浅浮雕双龙戏珠，刻画逼真，极具动感。根据此器形制、风格，可断其为清早期作品。

◁ **白玉带沁岁岁平安盘　清中期**

直径17厘米

△ **黄玉雕三螭龙纹扁瓶　清乾隆**

高14.2厘米

此瓶即为黄玉质，温厚细润，留有大面积天然皮色，颜色祥瑞；其为敞口，束颈，丰肩，直壁下敛。瓶身以浮雕加圆雕之法饰三只螭龙蟠伏其上，形态各异；瓶身打磨光滑，天然去雕饰，体现玉材之美。整器玉质优美，样式古朴而有新意，造型重视平衡感，又富有韵律，中正庄严又不落俗套，艺术水平极高，题材构思精巧，费工颇多，弥足珍贵且功力非凡，不失为收藏欣赏之珍品。

1 | 观察白玉的质地、手感

白玉具有十分细致的质地，手感也非常温润，光泽柔和。应该先把一件玉器放置在自己的手中掂量一下，感觉它是否有沉重感，然后再观察其光泽是不是蜡质光泽，里面有无气泡。另外，还要用手感觉一下，它是否会让人感觉温润。

2 | 观察白玉外观

首先，我们用肉眼可以看到和田白玉有细密的小云片状、云雾状结构的玉花，此为和田白玉所特有的结构特点；其次，和田白玉具有很温润的光泽，并非由玻璃发出的很强的光泽，换句话说，就是和田白玉的表面反射光线的能力不是很强，因为其表面有十分细小的凹凸，与毛玻璃相类似，若通过10倍~20倍的放大镜，是能够观察到的，有的时候还能够看到手工打磨遗留的纹路，这些纹路顺着某一方向；再次，认真地观察阴刻线，因为和田白玉具有很强的韧性，雕刻的时候很难出现起崩现象，阴刻线两侧很难起崩口，石英岩类玉石尽管具有高的硬度，但是脆性强，韧性差，阴刻线很容易就会出现崩口。

3 | 计算白玉成本

白玉的雕工大多由人工借雕刻工具来实现，现在在工具上可采用相关的科技产品，而雕刻的工作还主要是由人工来实施的。可以说，白玉的雕工具有十分高的要求，一切细微之处均由玉雕师傅们手工制成，一直精心地打磨到细致圆润为止，因此说，白玉加工费这笔成本不可少。

△ 白玉圆雕麒麟送书摆件　清中期

长135厘米

白玉质地，局部褐色留皮，立体圆雕。以凸雕、透雕、深雕、阴刻等多种工艺琢制。麒麟卧形，牛蹄形足，宽长狮形尾。前视，双眼圆睁，背负书，书上有结带飘垂。古称麒麟为仁兽。雄性为麒，雌性为麟，或合而简称为麟，是祥瑞象征，且能吐玉书。传说“有王者则至，无王者则不至”或“王者至仁则书”。此器莹润细腻，洁白光莹，雕工洗练，造型规整，值得珍藏。

△ 青白玉圆雕弥勒坐像　清中期

高8.4厘米

青白玉为材，玉质宁润，色泽深沉。圆雕弥勒坐像，弥勒天庭饱满，笑意盈盈，双耳垂肩。敞胸露乳，一手执佛珠放于膝头，一手自然下垂。衣袍皱褶随坐姿自然垂落，有动静结合之感。

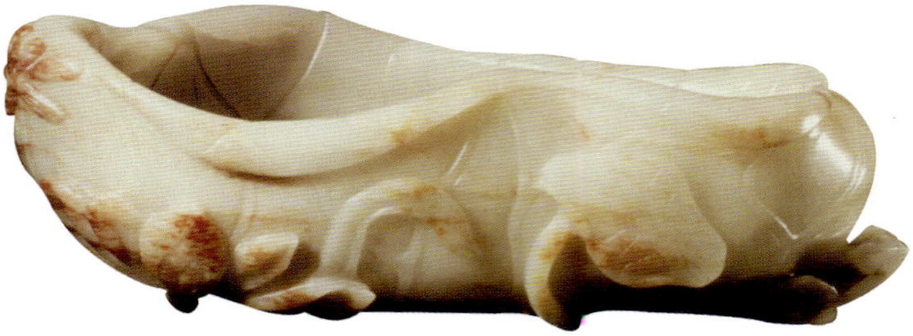

△ 白玉镂雕荷叶洗　清中期

直径17厘米

洗由天然形雕刻一片荷叶，边沿上翻引，洗内叶脉阴刻线，洗外则阳刻，玉洗底部叶柄与两朵春花一片小荷叶的柄用丝条捆起。作为水洗的底洗外半浮雕荷花小荷叶外还刻一蜻蜓。

△ **御制白玉雕饕餮纹龙钮盖方鼎　清乾隆**

高18厘米

△ **虎形佩　清中期**

长7.7厘米，宽5.6厘米，厚0.5厘米

和田青白玉。玉呈青白色，滋润，局部见沁色。扁平片状形，以阴刻线为主要纹饰，表面见橘皮纹。

△ **玉雕云龙丝纹觥　清乾隆**

高30厘米

△ **玉雕长宜子孙出廓璧　清乾隆**

长12厘米

△ **青白玉留皮刘海戏金蟾摆件　清代**

宽14.5厘米

△ **白玉太平有象摆件　清代**

长31厘米

◁ **白玉痕都斯坦双耳衔环盖瓶 清中期**
高8.1厘米

六 收藏白玉的重点

1 | 收藏白玉应注意的几点

如果以玉种分，好的白玉由于喜好者众，工好、料好的玉器在价格方面一定是持续地上涨的。而青金、珍珠、水晶、绿松石、独山玉、岫岩玉、琥珀和玛瑙，由于受到地域和喜好人群的限制，所以收藏它们就真的不如收藏一些高档的白玉和别的软玉，其相应的增值保险系数会提升。

如果以题材分，吉祥禽兽、祥瑞植物、神仙、历史名人系列会普遍地受到人们的欢迎。尤其是祥瑞禽兽题材的玉器，更是受国外人士之青睐。

如果以雕工分，战国时期、宋代、明代和清代；不一样的朝代具有不一样工艺的古玉器，其雕工好者有上涨的升值空间。

如果以形态和沁色分，有老土大红色、红色、水银色沁、黄香色沁、褐红色沁等系列色，而钉心沁、多色沁、巧沁稀罕、少见，受到许多人的喜爱，所以要注意收藏。

如果以寓意分，受人欢迎的是以成语故事、吉祥典故衍生的吉祥玉器。由于这迎合了普通人求福纳吉的心理，所以具有广阔的保值空间和增值空间。

如果以趣味性分，比较受大众欢迎的具体包括子冈牌、多宝串（也就是“项链”）、印章、玉勒、平安扣（怀古）、扳指、手镯、手链、鼻烟壶和如意等。

另外，收藏者应注意以下八种情况：

一是有同样的一对或者有同样的几件更值得我们收藏的玉器。

二是因为增添了玉件的趣味性、实用性或者工艺性而具有增值空间的玉器。

三是具有广泛的用途，具有某种特殊吉祥意义的玉件，会更加好卖一些。例如和合二仙、貔貅和三脚金蟾等。

四是在特殊的时机下可以物超所值的玉器。例如，猴年快到了，通常“马上封侯”等在题材方面与猴有关系的玉件好卖一些；还比如，马年快到了，通常像“马到成功”之类的玉件会好卖一些。

五是能够做形态上的改变，可以以不一样的组合方式进行陈列、佩戴的玉器，由于它们具有较为广泛的用途，所以喜好者众，容易增值。

六是系列齐全的玉器。例如，玉剑系列、酒器系列、礼玉系列、文房系列、茶具系列等，若可以将相同的一套收集起来，因品种齐全也会出现很好的超值效应的。

七是落款为名家的玉器。从古代到现代的玉器，除非雕工好、玉质也好的作品，否则琢玉人通常是不会落款的。其实，这和古代的琢玉匠和画家、书法家、文学家的地位不同是有关系的。然而，凡是有落款的玉器，身份就十分特殊，价格也不菲。例如，明代苏州治玉匠人其实有不少，但大多是不落款的。而陆子冈因善治玉牌，所以其作品通常都会落款，这种被俗称为“子冈牌”的作品传世就具有很高的价值。同样道理，一些当代的琢玉大师作品凡是有落款的，都有高的价值。

八是有书法刻字的玉器。有很多琢玉师虽然有着好工艺，但是其书法水平不一定就好，所以作品上不常以书法刻字。然而，如果玉器上有名人题的词，或者有书法家写的字，或者上面镌刻成语、古诗词等吉文，且具有美丽的字体，则价值较高。但近几年电脑雕刻在流行，玉牌上出现了大量的机制文字，且因千篇一律，既无灵气也无个性，所以也难以有升值空间。

△ **白玉饕餮纹象耳衔环花觚　清中期**

高17.1厘米

此件白玉花觚以整块和田白玉雕琢而成，作八方形，广口长颈，腹部外鼓，圈足外撇。颈部左右饰象耳，卷鼻衔环，颈部及足部各面饰以蕉叶纹，腹部则以浅浮雕刻饕餮纹，雕琢精湛细腻，线条流畅自然。

2 收藏白玉应回避的几点

在收藏白玉时，应回避以下几点：

一是造型勉强的玉器。有的玉器由于在玉料方面有所迁就，经过雕琢后再摆放起来非常危险，或者整体看很不自然，即为业内人士俗称的“工就料”；或者说同时具有很一般的设计和雕工水平。由于功夫不佳而使造型无法称心如意的作品，通常还是不要买为好。

二是雕工粗陋的玉器。若玉器属粗工所在地的工艺品，也许是由学徒工雕琢的，或者雕刻粗糙、不精致，雕工也表现无力等，通常不要买为好。

三是造型不优雅或者不招人喜欢的玉器。如漏桶、便器、性器具、九孔填塞等不雅之物，或者一般人不喜欢的东西，如蛇、蝎、蜗牛、乌龟、飞蛾和毛虫等，因在销路方面受到限制，尽管也属于高档的玉料或者古玉，依然要少买，或者干脆不去买。

四是伪劣仿古品的玉器。例如，经过染色的新工仿古玉器，纯属现代仿工，具有十分明显的染色痕迹，这类玉器千万不要购买。

五是断裂或者有缺损的玉器。通常会发生玉器细的镂雕处断缺损毁，或者是小小碰缺，或者是动物禽鸟的耳朵、尾巴、爪子中有断缺的。由于有这样的缺损，玉器在出售的时候会对价格产生影响，所以从原则上来讲，也不可购买。

除此之外，有的玉器具有比较明显的绺、绵等瑕疵的，除非其质地和工艺极其好，最好也不要购买。其实，对一件玉器是不是存在缺陷进行准确的判断，除用手触摸、用眼观察（包括借灯、放大镜等工具）外，有的时候还需要用耳朵去听，具体操作法是，先将玉件悬空挂起来，再拿另一块玉对其进行轻轻的敲击。如果玉料不存在缺陷，那么发出的声音是清越的；如果发出的声音是低沉或者是喑哑的，那么就该注意玉料也许有残缺断裂。

六是改雕修补的玉器。有的玉器由于不同原因出现断裂缺陷，通常厂家会采取改雕、粘接、灌蜡和涂油等办法对其进行修补。尽管这样的方法将其缺点遮掩住了，但是“遮了一时却遮不了一世”。上面的断裂缺陷迟早会在某一天暴露出来，因此不要买经过改雕修补过的那些玉器。

七是与玉相类似的玻璃、树脂和大理石等冒充玉石制作的成品，或者无法鉴别是否为真品的玉器，千万不要购买。

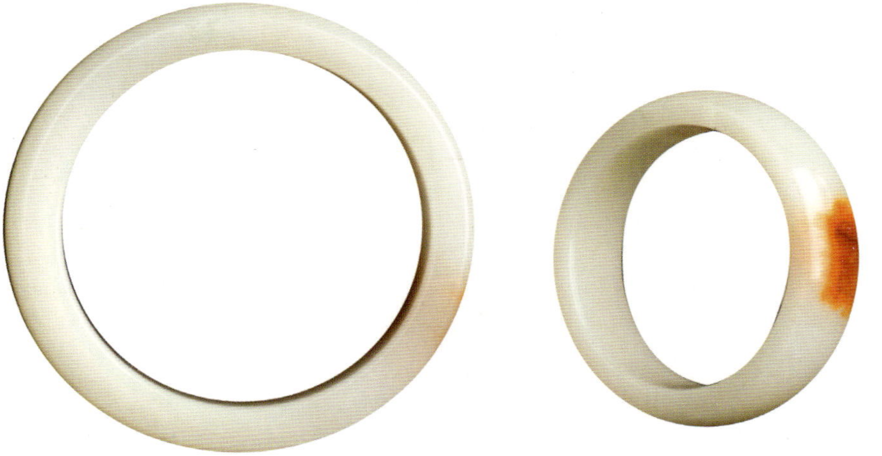

△ **白玉手镯　和田红皮籽玉手镯**

直径7.6厘米，重106.3克

△ **白玉持卷观音摆件　清代**

高8厘米，7厘米，厚4厘米

△ **白玉五子登科笔架　清代**

长15.7厘米

△ **白玉人物牌　清代**

高6厘米

牌白玉质，略呈长方形，牌额正面饰双螭龙纹，中有穿孔可供佩系。牌尾饰如意云头纹。牌面雕苏轼夜游赤壁图，饰青松流水，三两束水草随波摇曳，一叶扁舟飘然而至，船夫立于船头，船中三人围坐，把酒言欢。背面雕刻苏轼《赤壁赋》：“清风徐来，水波不兴。举酒属客，诵明月之诗，歌窈窕之章”，文图相配，更显清雅风流。

△ **白玉鹊桥相会诗文牌　清代**

高5.6厘米

白玉材质，雕琢精细。玉牌呈长方形，上下两端略有弧度。玉牌正面刻鹊桥相会图，银河、青松、牛郎、织女，无不惟妙惟肖。反面刻“月照银河底双星会鹊桥　文玩”，呼应主题。正反牌首皆饰回纹。玉牌方寸间融绘画、书法、雕刻及故事文化于一身。

八是通过机器批量制造的玉器。例如，那些以喷砂雕刻、机器自动化或者灌模制作而成的玉器，既没有灵气也没有特色，机械呆板，千篇一律，尽管规格齐整，若为佩戴还可以，但是若为收藏品，千万不能因为其价格低廉而心动。

九是普通的东西。比如玉勒、带钩、发簪、镇、塞、避等器物，由于在制作的时候手法简单，题材平常，无论是在古玩市场上还是在玉器市场上，都随处可见。通常来讲，这些造型普通的玉件不具有大的升值空间。因此说，除非玉质和玉的做工极其好，否则玩家不要特意地去收藏。

十是无法判断是否为具有一定工艺水平的仿古玉、或者无法判断是新玉还是老玉的玉器，最好还是不要购买。但是对于高仿的玉器，则必须辩证地看待和处理。如果自己的确十分欣赏，或者以后依然会以仿古品的价格卖出去，那么可以随自己的喜好去购买；但是以后若要以真品的高价去卖它，就不得不考虑因此会引起的官司和纠纷，或者考虑一下自己在业内的人品损失。所以从原则上而言，即便是不错的仿古件，也不要去购买。除此之外，还有窃贼出售的盗品玉器、炒作行情末端的玉器等，这些也是不买为佳。

△ **白玉痕都斯坦盘（二件）清中期**

直径11.1厘米；直径8.6厘米

第五章

白玉的投资技巧

一 投资白玉的理由

1 白玉具有较大的升值空间

现在，可供采掘的白玉资源在日益地减少，所以促使白玉的价格一直飙升。在20世纪60年代，新疆山料白玉价格通常为每千克3元～5元，而到了2005年的时候，新疆和田市的山料价格已经上涨至每千克1 000元。当将山料运至新疆乌鲁木齐的时候，每千克的价格则上升为2 000元～2 500元，而在最终到达一线城市如上海、北京等加工地时，每千克山料的价格会上升到3 500元～4 000元。而有着“和田白玉精品”之称的籽白玉料，在20世纪50年代～60年代的时候，每千克的价格大概在50元～100元，到2005年的时候，竟然已上窜至5万元左右，总的来讲，无论是山料还是籽料，其价格都各自涨了千倍。近十多年以来，和田白玉的价格每年以1～2倍的速度提升。从2005年至今，整体上说已经攀升了10倍还多。上品和田籽玉的价格竟然已经飙升到了每千克20万～30万元，且往往会出现“供不应求”的现象。一些极好的羊脂白玉的价格已根本不再论重量而只论块了，远远地超过了黄金的价格。不得不说，和田白玉价格的飞涨，同时也带动了后来才进入市场的俄罗斯白玉和青海白玉价格的攀高。白度较好的青海白玉每千克的价格已经攀升到了8 000元～10 000元还多。在河南镇平市场上，一块好的青海白玉手镯芯片每千克的价格约为万元。即使是普普通通的青海白玉毛料，每千克的价格也上涨到了500元～1 000元。在这样的形势之下，俄罗斯白玉也“搭上了顺风车”合理地涨价，目前市场上普通的俄罗斯白玉料每千克的价格已经在3 000元以上了，而带有红皮的俄罗斯白玉料每千克已经上涨至8 000元～20 000元。

△ **白玉兽面纹双耳衔环狮钮三足炉　清中期**

高13.6厘米

由于白玉资源具有不可再生性，“物以稀为贵”，其价格持续地上涨也成为了必然的趋势。尤其是2007年10月禁采令颁布以后，原材料日益减少，也将白玉的珍贵价值显著地“拔高”了。如今社会上收藏白玉的风气日益旺盛，加之国内民间投资渠道不够宽广，使得千军万马向着古玩玉器的投资渠道奔跑了过去。业内人士经过不完全调查得出这样的结论：上海、北京等大城市中收藏、投资、佩戴玉器的居民数量比例竟然达到了三分之一左右，已经远远地将股票、证券以及别的艺术品收藏经营甩在了后面。因为收藏同时投资的回报越来越被人们所发现，所以白玉价格还会有很大的上涨空间。

2 白玉资源日益短缺

从夏商周三代开始一直到清末的4 000年里，史书记载白玉的总产量大概是9 968吨，如果按照年数平均一下，则每年为2.5吨。而从新中国成立一直至20世纪90年代中期这40年的时间里，开采白玉的量为9 459吨，与古代4 000年的总量相近。因为人们泛滥地开采，白玉资源变得越来越紧缺。据说，在昆仑山雪线以下，人们已经不容易开采到好的白玉了，矿源在剧烈地减少。曾经有媒体称，每年优质和田白玉的产出吨数目前仅可以以个位来进行计算了。而青海白玉和俄罗斯白玉的矿藏量同样是有限的，很快就会产生资源枯竭的问题，所以价值攀升也是常理。一方面，原材料的数量一天比一天少；另一方面，投资收藏的人群却一天比一天多，所以白玉价格总在上涨。

在白玉玉料当中，谈及开采的历史，新疆和田白玉已有8 000年以上了，它产量最多，流传最广，质地最佳，价格也最高。从历史角度而言，新疆和田玉开采的矿床数量在20处以上。但是，目前因为矿源在剧烈地减少，也有新闻媒体称，和田白玉年产量已经不到1吨。

3 白玉的独特艺术价值

白玉作为一种高档的艺术品，其价值与基金、股票和证券不同。它不仅具有单纯的经济价值，而且具有人文价值、工艺价值、玉材价值、审美价值等。色泽和玉质的区别、富有变化的皮色和浸蚀、各具特色的造型纹饰、个性化的艺术风格，使每件玉器都与众不同，无法复制。特别是高档的玉材和国家级大师结合而产生的作品，更值得我们加以重视，因为其价值会伴随着时间的流逝而无法估量。

△ **青白玉罗汉瑞鹿　清中期**

高14厘米

此摆件选用上等青白玉为料，精雕而成。玉质温润细腻，瑕疵罕见，包浆自然，保存完好。摆件主题为罗汉瑞鹿，罗汉头顶光亮，慈眉善目，目光前视，大耳垂肩，高鼻宽额，神态慈祥，身披禅衣，宽袍大袖，手捧卷曲荷叶，袈裟静中略带动感，整个表情悠闲自得，衣服飘逸，线条流畅。

4 | 民间对白玉进行把玩已成新的趋势

几千年以来，白玉一直都是国人最称心如意的一种收藏品，大家也十分认同玉器天生的审美价值。特别是21世纪以来，白玉收藏更是达到了自古以来的“巅峰”。事实上，民间收藏白玉具有三大意义：第一，白玉不光可以装扮，满足自身美化的需求，还有着吉祥的寓意，同时还能使人们附托愿望，保佑平安；第二，收藏传世的需求。白玉便于收藏，也可以兼作投资，对于后人而言也是一笔难得的财富；第三，馈赠亲友的需求。白玉虽然礼小但是情重，既显得隆重稳当，也无金钱的酸味。

△ **紫水晶麻姑献寿摆件连座　清代**

高16.7厘米

该摆件以紫水晶为材，通体晶莹剔透，立体圆雕麻姑献寿人物立像。麻姑面庞圆润，发髻高盘，修眉善目，嘴角上翘，和颜悦色。身着长袍，长裙，层层叠叠随风飘然而下。手捧寿桃为标志。麻姑是古代神话传说中的仙女，三月三日西王母寿辰，她在绛珠河畔以灵芝酿酒，为王母祝寿。故人们以麻姑与长寿并喻，并常在向女性祝寿时赠献麻姑像，称“麻姑献寿”。

△ **青白玉龙首带钩　汉代**

长4厘米，高2.5厘米

5 | 白玉原料的价值日益提高

现在，投资在人们生活中的地位逐渐增强，人们对艺术品的投资也日益旺盛。然而，对于我们每个人而言，掌握鉴赏技巧、熟悉历史等专业知识并非容易的事情。昨日流行古玉收藏，今日流行字画收藏，明日也许会流行瓷器收藏……人云亦云，还有所谓的“炒作式投资”。是投资白玉原料？还是投资白玉产品？是投资山料？还是投资籽料？股票、期货的投资理念使得人们开始认同资源价值，所以籽料价值的再发现使投资白玉籽料成了白玉投资的切入点和共同点，投资的所有资金都奔向了这一条狭窄的投资渠道。如此一来的结果便是一般新疆和田籽料从2003年年底的每千克2万元涨至2013年年底的每千克50万～80万元。

投资白玉籽料特别重要的理由为“资源的不可再生性”，就像森林、煤炭和石油等一样，价值的唯一性使其价格均存有上升空间，然而，过度夸大其价值也需要特别注意。事实上，投资应该理性，最关键的问题是找准白玉籽料投资的时机。

△ **白玉圆雕天鸡尊　清代**

高27厘米

天鸡尊以整块白玉雕琢而成，玉质局部有黑色沁。天鸡昂首直立，双翅紧贴体侧，双翅羽毛弯卷而上，长尾弯卷垂地，喙边长须飘逸，站立于花轮之上。其背负一方口尊，尊盖顶双凤鸟扭身对视，方口，束颈，折肩，直腹斜收。

△ **白玉望子成龙纸镇　清中期**

长15.7厘米

6 | 白玉投资的特殊模式决定其未来

白玉艺术品的投资，事实上着重的是其巧夺天工的工艺和温润细腻的质地结合而成的审美价值，而白玉作为非再生性的稀有资源，又增添了不少商业方面的价值。其实，投资以白玉工艺品为典型的玉石雕刻类艺术品，属能够凭借着“零散资金”投资而也许会有规模性回报的投资方式之一。而投资白玉艺术品的对象大部分为单个的实体，属一种现货投资的形式，再加上其不可再生、资源稀缺，所以说这类市场根本就没有震仓、洗盘的市场常规操作手法，如果是后入市的人，只可以从原有投资者手里将筹码掌握于手。与此同时，这也对市场整体向上的运行轨迹进行了确定。

7 | 从资源角度而言白玉价格上涨不过头

和田白玉在二十年时间里一涨再涨，尤其是近几年的白玉价格涨得让人看不明白。实际上，这种状况同人们开采和田白玉关系密切。近年来，昆仑山冰川以下的和田玉矿早已被人们挖空了，和田白玉资源已经面临着枯竭，不得不说，“和田玉”的确已经成为我们国家的稀缺资源。说得直白一点就是，市场每收进一块就相当于流通领域少了100克左右的和田玉。同时，因为“奥运金镶玉”的缘故，白玉再次确立了其至高无上的地位，身价变得更高，认知度变得更广，正所谓“黄金有价玉无价”。

“物以稀为贵”证明了白玉的价格持续上涨是不可否认的，投资者关键还是要对每次升降波段的时间掌握好，这样出手才不至于在短时间里落得被套的结局。事实上，市场规律可以调节价格，白玉也不会出现一味追高的趋势，总有一天会调节到合适的价格，与真正的价值相符合。

△ **白玉莲藕摆件　清中期**

长14厘米

8 | 拍卖市场中明清白玉的市场趋势

拍卖市场在艺术品投资品种交易中，是影响力最大、指导性最强、最集中的形态，同时也是一个阶段内艺术品价格、投资品种和趋势的一座大的“风向标”。同样关于白玉艺术品的拍卖交易也跟着“酝酿”出来，且应运而火，特别是人们一路上都在“追捧”着明清玉器，这也是对白玉具有投资价值的一项有力证明。

大部分的明清玉器是传世的宝玉，这些玉器所用的材质一般选用的是光洁无瑕疵的新疆和田玉，再加上精细的雕工和完好的器型，自然受人喜爱，所以历年的拍卖成交率通常是居高不下的。在2001年12月，北京瀚海所拍的“清代白玉狮纽鼎式长方香炉”，其估价在100万～150万元，成交价却达到了247.5万元。而两年后也就是2003年在上海的一个拍卖会上，有一块白玉牌让人印象深刻，上面刻有刘海戏金蟾图案，其起拍价为8 000元，后来经过一番激烈的竞争，成交价竟然一直飙升到了3.8万元。在2005年年底的时候，书画的拍卖产生了波折，而玉器的价格却依然保持着稳中有升的状态。在2006年9月，在上海的一场新疆和田白玉专题拍卖会上，有一件白玉籽料小猪把玩件也让人印象深刻，它长5厘米～6厘米，质量大概为60克，其起拍价是2万元，后来经过一番激烈的竞价之后，最后的成交价为15万元。

9 | 投资高端白玉艺术品的价值

艺术品称得上是投资者资金的“避风港湾”，可以说，一些高档的白玉艺术品，其价格必然呈长期的上升趋势。业内人士总把该类投资叫作“硬通货投资”，能在金融危机来临的时候呈现出30％的增长。对于投资者而言，投资高端的艺术品能弥补在别的领域所遭的损失。

△ **白玉盘　清中期**

直径19.6厘米

△ **青白玉如意耳包袱瓶　清中期**

高30.5厘米

二　投资白玉的途径

1　玉石原料的产地

一般来讲，玉石原料产地的价格要低于外地的价格，由于中间商环节减少了，运费减少了，投资者批量地购买，所以在价格方面也能优惠。例如，青海白玉的产地在青海格尔木，正宗和田玉的产地在新疆喀什、巴州、和田，俄罗斯白玉的原产地为乌兰乌德，而大部分的交易地点则为内蒙古二连浩特和满洲里等。如果在这些地方购进玉石，价格一定低于上海、苏州和扬州等白玉的最终加工地。

2　大型玉石玉器的交易市场

根据市场价值规律来看，市场越大，价格就会越低。由于收藏投资者们不会轻易出手，总是会货比三家的，而玉石经营者之间的竞争又非常激烈，因此大家都会竞相降低价格。有的时候，大型玉石市场的价格会低于原产地的价格。例如，河南镇平玉石市场上的白玉，在价格上有的时候就低于白玉原产地的价格。内中缘故为原产地的人对市场规律根本就不懂，一旦看到这么多的人来买，就觉得一定是珍贵无比的物件，所以就不可避免地滋生了盲目的囤积居奇心理，一味地去报高价。刚刚走入此道的投资者们对价格根本就不懂，总觉得原产地的价格是最低的，于是便大量地进行购买，如此一来，就使得原产地居民习惯于抬价，自然在价格方面就居高不下了。

△ **白玉雕麻姑献寿摆件　清代**
高12.5厘米

3 | 古董和收藏品市场

古董和收藏品市场一般为假货、劣货最易出现之地，但真货的价格也许最低。尽管卖家的报价具有大的幅度，但同样，买家的讲价幅度也可以加大，也正应了那句“漫天要价，就地还钱”，有的甚至能从数万元一直砍到数千元。另外，“林子大了什么鸟都有”，有的时候，卖家自己也不一定明白实际的价格。所以，这些市场成为了那些有经验的收藏投资者捡漏的最佳去处。

4 | 各大、中城市的玉器店

现在，各大、中城市的玉器店日益增多，有的是大型超市或者商场、花鸟市场，而有的则是独立商店，通常这些店铺的玉器档次比较高，但也有着较为高昂的价格，它主要适合送礼者光顾。如果资金充裕，也是可以选择收藏的，然而却不适合投资。这是由于其价格也许高出玉器市场和产地的价格1～3倍，如果拿来投资，在购买的时候就已经吃了亏。不过，这里也可能会有人们难得一见的玉器精品，可能在其他市场都看不到。而作为一个有经验、有眼光的投资者，可能会买进这里贵重的玉器，当然了，如果没有眼力和胆识是不行的。

5 | 各个地方的古玩店

有90％多的综合性古玩店均有新玉和古玉，价格不一，新古难以辨认。其实，这里的玉器值得收藏投资者们去关注，因为不时地会有真玉精品。如果对某一件有所看重，那么就可以协商价格，然而一定要注意防备购买到赝品。

△ **黄玉松鹤纹笔筒　清代**

高14厘米，宽11厘米，厚7.5厘米

◁ **青白玉五毒摆件　清代**

长12.5厘米

△ **白玉雕松山访友纹山子　清乾隆**

长22厘米

此玉山子即为乾隆时期苏作的代表典范，其工艺繁杂，雕刻精湛，将传统圆雕、镂雕及阴刻等各种工艺结合运用，勾画出一番其乐融融的生活景象。匠者惜其材尊其形，巧借玉石自然形态纹理，构思巧妙，布局合理，层次分明，极富立体感，让人仿佛置身于叠叠山峦之中，颇有“曲径通幽处，禅房花木深”之情境，既富生活情趣，又超凡脱俗，令人驰往，实在美不胜收。

▷ **白玉雕吉庆有余纹水盂　清乾隆**

长9.8厘米

此水注用整块和田白玉制成，莹润细腻，质若凝脂。器呈桃形，口沿内敛，下承三足，足作蝙蝠状，与两侧双耳之蝙蝠合围于桃形洗之侧，以为五福捧寿之意。口沿浮雕一磬，与喜字绶带相系，垂于外壁，贯穿前后。磬谐“庆”音，与“喜”字相配，寓意“喜庆”。

6 | 国有的文物、珠宝商店

其实，国有文物店里的玉器最有保证，差不多均为真品，有不少的文物店还会出具相应的鉴定证书，所以可以在这里放心地购买。然而，价格却要比收藏市场高出不少，所以根本不适宜在此捡漏。不过如果常常过去观看，还可以发现部分优质品种的价格事实上较低，值得投资。终究，国有店信誉是最有保障的，其中玉器均为精品。然而需要谨慎的是，一部分国有文物店现在已以承包的形式交给私人经营，所以在购买时一定要多一个心眼，注意虚价和防伪。

7 | 大中城市、重点旅游区的玉器商城

因为投资玉器日渐旺盛，有不少城市都已建有或将建设玉器商城。玉器市场经营成本低，属于摆摊经营，所以价格较低；而玉器商城是门店经营，通常情况下，玉器商城会比玉器市场的价格高出一些，当然我们是不能一概而论的。如果耐心寻找，玩家经常可以发现一些商铺的玉器价格竟然比玉器市场的价格还要低。

通常，玉器商城的货与玉器市场的货相比，会高档精致一些，这由商城的档次、规模和品味决定。

△ **白玉兽面双耳衔环炉　清中期**

宽16.8厘米

△ **白玉欢天喜地吉庆水盂　清代**

长8厘米

玉雕和合二仙，自天降下，变成二小童，一童右肩扛玉磬，一童左脚踏宝盒，右手与对面的小孩一“大吉”锦旗，二童双手搭在一大水缸口上，脚下宝盒内放出一只蝙蝠，人故成水盂，构思奇特，真是欢天喜地，大吉大利。

△ **白玉仙人乘搓摆件　清代**

高16厘米

仙搓是老松干剖开做成的孤木舟，一仙人，面目清秀，道袍长裙，双手捧一大寿桃，两腿交叉舒坐于舟上，前头小仙童以树枝为之撑船，神情十分专心，仙搓设计巧妙，雕工亦非凡手，文房陈设，十分典雅。

△ **白玉锦地开光花鸟铺耳盖瓶　清嘉庆时期**

高16.7厘米

此器为方体，上有素纹宝珠状抓钮，盖口出沿，瓶口部作阶梯状，饰回字纹一周，颈部以下为莲瓣纹，盖面及瓶身满雕菱花纹，绵密有序，左右肩部饰以铺耳，下有衔环。瓶身正反两面均开光刻花卉纹饰，一面为荷塘春燕，另面为折枝花鸟纹，制作精良细致，底刻“嘉庆年制”四字篆书款。

△ **青白玉雕螭龙纹盖瓶　清中期**

高16厘米

瓶连盖，瓶身仿古酒器“壶”之形。高浮雕一螭龙为盖钮。瓶颈侧也设一螭，向下探视，瓶腹刻一大螭，朝上仰望，与之呼应，构思奇妙，化静为动。瓶也谐“平”，寓意太平，为盛世之杰构。

◁ **白玉雕太平有象瓦头 清中期**

长8.2厘米，宽9.8厘米

瓦头为如意上的配饰。此玉瓦子体呈椭圆形，上浅雕太平有象图，玉色洁白匀净，寓意吉祥。

白玉仿古兽面纹璧　清中期

直径12.5厘米

8 | 玉石艺术品和文物拍卖会

京、沪、穗、港大型艺术品拍卖会的重要特色专场是拍卖传统的玉石艺术品。例如，北京著名的瀚海、华辰、嘉德等大的拍卖公司，无论是在春拍中还是在秋拍中均包含玉器艺术品专场，每场各参拍多达几百上千件藏品。而各个省会城市和地方城市也会举行玉器拍卖会，作为投资者，自然可以前往预展会上对藏品进行选择，进而了解藏品质量及行情，按照各自实际的经济水平，将最高举牌价格和叫价策略制定出来。

拍卖会上的玉器差不多均为精品，只要具有适当的价格，大部分是值得收藏和投资的。与此同时，千万不能迷信拍卖公司的鉴定和介绍，一定要有主见。原因很简单，一些拍卖会的拍品中也会藏有赝品。

9 | 大型的玉石玉器交流会、交易会

如今，各大城市往往都会举办全国性的收藏品交流会，玉器交流为重要内容。例如，广东深圳已举办五届全国性的古玩玉器交流会乃至全球性的古玩玉器交流会，当时，国内外许多的收藏投资者都参与其中，这样的交流会自然也为收藏投资者提供了投资的良好机会。收藏投资者们可以在这里看到不少平时不容易看到的物件。由于规模大，价格可以商谈，玉商竞争激烈，因此是玉石玉器收藏投资者参与并介入的良机。

另外，通过典当行和司法机关对没收赃物的拍买进行玉器收藏，也是一种重要的玉器投资渠道。这是由于凡是典当玉器的人一定都是急着用钱，有的时候，较低的价钱就能够收得工好玉也好的玉器精品；而通过司法机关拍卖出来的玉器，藏家也得比较其价格的高低，但在真伪方面藏家可以放心。由于受贿的玉器不乏精品和珍品，而司法机关拍卖之前都需要请专门的鉴定评估机关出具相应的资料的，从而来对拍品不假进行确保。

◁ **白玉观音菩萨立像　清代**

高18.4厘米

观音菩萨立像以上等整块白玉雕细琢而成，发髻高绾，眉如弯月，双目细长下垂鼻梁坚挺，唇线分明，身着曳地长裙飘逸，腰间以丝带系束打结垂下，造型端庄，面带微笑，神情祥和，全身比例均匀，右手持佛珠垂于胸前，手脚写实细腻，衣纹起伏流走，自然质感强烈，选料上层，包浆肥润，配木雕莲花座。

10 | 私人收藏者

有些收藏者如果收藏得多了，有时又急着用钱，则会对一些玉器进行转让，所以说，有的时候在收藏者家里会有意外的收获。尤其是有些收藏者的年龄大了，急着为藏品找到新主人，那么在这个时候，投资者前去是最合适的。通常整体全部购买，每件的价格会十分低；有的时候是收藏者离开了人世以后，后人并无收藏的爱好，所以就会有意转让，此时即为投资良机。

◁ **白玉雕龙耳衔活环三羊开泰三足炉 清代**
高29厘米，宽20厘米

三 投资白玉的技巧

1 | 要全面认清投资白玉的风险

俗话说得好，“神仙难断寸玉”，实际上，任何一块天然的白玉原石，其内部结构和质地都是千差万别、丰富多彩的，也只有那些经验丰富的专业人士，才可以对其价值和价格进行确定。所以说，一般的普通收藏者不可能拥有眼看手辨的技术，这种情况下，投资白玉原石就会具有不小的风险。

另外，白玉原石的变现与别的经济类投资品种相比是不太容易的，例如，期货、股票等均具有正常的社会化交易模式，而白玉原石则不一样，其上家和下家交易模式有过多的随意性，即便为具有很高价值的玉石原料，在急需变现的时候一般也会出现价值被低估或者不容易变现的情况。因此说，投资白玉原石时一定要谨慎，一是适可而止，量力而行；二是把目标转移到收藏，多加以学习，这样才宜养性。

△ **白玉象耳兽面纹瓶　清代**

高23厘米，宽12厘米，厚6厘米

▷ **白玉云纹璧　春秋时期**
直径4厘米

2 | 不要只把新疆白玉当作白玉

目前，人们收藏白玉的热情一直在高涨，人们收藏的中心都聚焦于新疆白玉，特别是一部分人竟然痴迷到了“非籽料不藏”的地步。其实，这种状态很容易让形势走向极端。实际情况也的确是这样的，几千几万的收藏大军都盯着新疆白玉不放，这才造就了它的“供不应求”，奇货可居。如此一来，一面是将新疆和田白玉的价值人为地提升，一面是造假、以次充好，欺诈的行为连连“上演”，有不少人甚至在上了当后还是对青海白玉和俄罗斯白玉等置之不理，甚至都不看一眼。这是因为对白玉整体缺乏认识而造成的。实际上，青海白玉、新疆白玉和俄罗斯白玉同属软玉，均十分珍贵，几者的矿物组成和化学成分基本上是一样的，只不过因为产地不同而在结构和外观特征方面存在着一定的区别。

其实，青海白玉和俄罗斯白玉的产量都较低，与“物以稀为贵”的投资理念完全符合。上等的青海白玉和俄罗斯白玉质地一般比普通的新疆籽料还有优胜。所以说，觉得仅有新疆白玉才称得上是真正的白玉的观念是不对的；而认为青海白玉和俄罗斯白玉是“假白玉”的，就更是大错特错了。

△ **白玉薄雕西番莲纹耳杯　清乾隆**

直径10.5厘米

此杯椭形，口微撇，方唇小沿，弧腹平底，腹下束胀椭形小圈足外撇，腹部薄雕缠枝西番莲纹，口沿与腹下方以一片西番莲叶为杯把，叶上方还卷一花蕾充实，以防脆弱易折，精工制作。

3 | 有白度的白玉不全为羊脂白玉

和田软玉中的极品当然是“羊脂白玉”了，这是业内长时间来约定俗成的标准。在新疆白玉当中，羊脂白玉应是具有较强的油脂度、柔和的白度和质地十分细腻的籽料。对于那些经验丰富、见多识广的业内人士而言，掌握该标准并不难，然而对于那些普通的玉器收藏把玩者而言就难了。结果就是，误以为具有白度的白玉均为羊脂白玉，总是错误地购得有白度的一般的和田籽料，甚至将青海白玉当成了羊脂白玉，可以说是上当了还不知是何故。

实际上，如今的羊脂白玉矿源已面临着枯竭，新出的羊脂白玉很少。早先产出的大部分都已经成为了艺术品且已经被收藏者所珍藏，而陈留的部分原料却被艺匠和专业厂商保留着，等待着有好的创作题材时再准备动刀设计和雕刻。因此说，喜欢和田软玉者在选购的时候，一定要多比较和参考，只有这样，才不致被骗。

4 | 同属白玉类的其他材质产品的价值

白玉，除籽料外，还有别的富有个性和珍贵的材料，因为其产量稀少一般不被人注意，再加上其材质特殊，创作出的作品一般是新奇而又独特的，且显现出经济价值和艺术价值。体大规整的青白玉，用其制作而成的瑞兽等动物件十分完整，其质地细腻的主要特征更加可以凸显出动物的威猛、灵动。在市场上，油润度十分好的墨玉玉牌、手把件也受到了人们的欢迎，这种乌黑材质制成的产品在经过人工打磨之后显得十分光亮，把玩之后会显得更加油润。还有一种产量极少的黄玉，业内人士称其为“黄口料”，因为其材质具有艳丽的色彩，用它制作而成的产品非常昂贵，十分抢手。更难得的是俏色玉雕料青花料，用它制作而成的黑白产品，会给人一种视觉分明和清晰的感觉。

有不少人会对俄罗斯白玉避之不及，总觉得其质粗色灰，将来也成不了“大器”。实际上，俄罗斯出产的白玉山料是十分优秀的玉雕原料，质韧料大，非常适宜制作成大件的摆件和山子雕。在2000年的前后，中国生产了众多的以俄罗斯白玉制作而成的器皿、山子和人物作品，具有较高的质量，当然也受到收藏家的喜爱。如今，出产于俄罗斯贝加尔湖地区的白玉籽料，主要还是由人工捞捡，价格昂贵，产量有限。总而言之，收藏同属白玉类的别的材质产品，也属成熟的投资行为之一。

▷ **白玉骆驼　清代**

长13.5厘米

△ **白玉兽面纹长方洗　清中期**

长13.5厘米

玉洗呈长方状，口沿直立，腹部外鼓，下承圈足。所用玉料质地温润，腹部四出部分浅刻仿古兽面纹饰，雕琢精湛。笔洗为古代文房必备之器，用以盛接大量清水，以备晕开浓墨，洗涤毛笔，因其形制比其他文房用具体积略大，故常常以瓷、木、竹等质地的形式出现，而玉质笔洗无论制作还是加工雕刻均耗时费力，花费甚重，所以非钟鸣鼎食之家而不能用之，为身份与地位的象征，此件白玉兽面纹笔洗工料皆精，倍显珍贵，配精雕木座。

△ **白玉洒金瑞兽　清中期**

长6.3厘米

△ **御制白玉留皮巧雕龙凤盖瓶　清中期**

高18厘米

此件龙凤瓶以和阗红皮籽玉雕琢而成，纹饰间大面积利用皮色，更添纹理质感与古韵。盖瓶子母口，造型规整端庄，瓶身腹部饰高浮雕一盘龙，龙身盘绕，飘逸潇洒，龙尾则隐于团云之中，构思奇妙，化静为动；龙身一旁亦高浮雕一凤鸟，凤尾修长，傲然站立于瓶底侧所雕琢之山石之上。整体纹饰极其华丽繁复，尤现高贵古雅之气，既体现上古纹饰之气韵，又流露天朝盛世之雄姿，碾琢细致入微，如雕似画，极尽装饰之妙。

5 | 选购白玉的七大诀窍

白玉的投资，其实说易也易，说难则难。说易的一定是那些专业或准专业人士，说难的也许为对白玉知识稍微了解一点的“外行”。实际上，从难到易的过程是每一个愿意进行白玉投资者的必经之路，需提防的是该过程不要过于“出血”，形象地说，就是不要付出太高的“学费”。现提供七大诀窍：

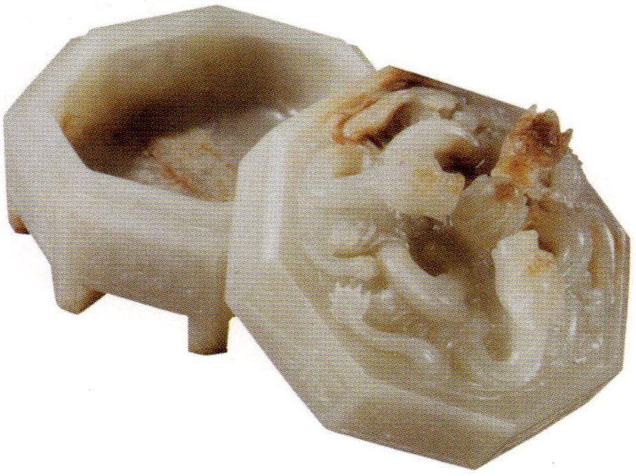

△ **白玉龙纹盖盒　清代**

长7.7厘米

玉盒以整块玉料雕琢而成，呈八方型，盒盖及盒身高矮相同，盖钮立体圆雕二龙戏珠，侧壁雕暗八仙纹，盒身侧壁则统一为夔龙纹，下出短足。玉盒无论材料或是雕工均极为昂贵，极富收藏价值。

（1）不贪便宜

在购买白玉前，一定不可轻信生意人天花乱坠的故事，同时，也不可以认为自己非常高明，能将卖货的给蒙了。俗话说得好，“一分价钱一分货”。白玉的产量原本就不多，好的白玉，在价格方面自然就高。所以在购买的时候，心里必须掌握好现在的行价，无论是价格过高还是过低，均需警惕。

（2）计算好成本

在对白玉产品进行选买时，应稍算下其成本，这样一来，上当的概率就会降低不小。白玉产品的基本成本由两方面组成，一是材料，二是雕工。材料的成本应取决于其外皮、颜色、透明度、外形、硬度和质地；雕工的成本应该从设计、制作一直到打磨来进行大致的计算。通常，材料的价格是能够算出来的，其上下起伏都不会过大，而制作者的身份对雕工成本的差异起到了决定性作用。举个例子，白玉牌子一般的制作者雕工价格超过了2 000元，名家的雕工价格会超过7 000元，而大师的雕工价格约为20 000元，这还算非常低的。还比如，像手形一样大小的手摆件，如果是一般的制作者，其雕工价格会超过1 000元，如果是名家，其雕工价格会超过4 000元，如果是大师，其雕工价格约为10 000元。在对基本成本算法掌握了之后，若算得一件白玉产品的价格连工钱都不足，您自然就心知肚明了。

▽ **灰玉卧马　明晚期/清早期**

长12.7厘米

△ **青白玉带皮高士图扳指　清早期**

直径3厘米

△ **褐白玉双狮摆件　清17世纪或更晚**

宽6厘米

（3）看器型

常言道“玉不琢，不成器”。每件玉器均具有形状，在对其进行选择的时候，必须注意其形状有无艺术品位，像不像、完整不完整。越用好的玉料，其器型就越是细巧，自然就越能给人以美好的感受。与此同时，还必须观察其是否有裂痕，是否有残缺，这些裂痕，有的是人为碰撞后的损伤，有的是原材料本身的原因。

（4）看纹饰

人们佩挂玉饰，都十分重视纹饰。由于纹饰都具有特定的含义，或祝福，或祝寿，或吉祥，或避邪，或大富大贵，或小巧精致、可爱至极，或具有高雅的文人气息，所以在购买时要看其是否表现出了相应的主题。

（5）看做工

“工”就是指“雕刻工艺”。在选玉器的时候，“工”十分关键。“工”好，具体指的是雕刻技艺炉火纯青，艺术匠心也可以在作品中较好地反映出来，人物、动物线条流畅，形象传神；而“工”差，无论是造型还是纹饰都不尽如人意，自然也就不可取。

（6）正规店里买

上过当受过骗的投资者，一般都有在流动的摊贩上或者不规范的市场上交易的经历。在购买高档的白玉产品时，必须要去专业品牌店、古玩城、工艺商厦等有信誉的地方，这些地方都有严格的赔偿制度、诚信制度、进入制度、管理制度，相对来讲更能保障购买者的利益。

（7）看材质

在明代和清代，人们谈及的“白玉”只指新疆和田白玉。而在现代社会中，人们看到的白色玉，除新疆和田玉外，还有韩国白玉、京白玉、新山玉、青海白玉等。

和田玉，还可以叫作“软玉”，属角闪石类，如果将其放在灯下，通过显微镜进行认真观察，会看到其质地呈纤维变晶交织结构，具体硬度为6度～6.5度。在颜色方面，和田玉有多种，其中最珍贵的则为白玉。

籽玉可谓是“体如凝脂，精光内蕴”，几乎看不见纤维变晶交织，且少有裂痕，并且质地温润细洁。籽玉中最好的是羊脂白，其主要特点为“润、细、白、透”，由于洁白无瑕，白如割脂，所以称其为“羊脂白玉”。如果将其放在灯下观望，会看到白中略带温粉色，不得不说为玉中之极品。

在温润度方面，山料玉不及籽玉，较为干涩，色泽略带青灰，有的还会透露出裂纹。而好的山料玉也有的是白中带微红的，然而“白如脂肪”的却非常非常少。

对玉器进行挑选，一般收藏者都会首选和田白玉。新疆和田白玉不仅具有观赏意义，还具有收藏意义。而内地其他地区（如辽宁岫岩）所出产的玉，人们常称其为“新山玉”。这种玉中的白色玉由于矿脉的地质不一样，不像和田玉那么温润如脂，玻璃感较强，呈半透明状。如果雕刻者们用新山玉雕玉器，若造型和工艺无法做到出类拔萃，一般价位较低，因为其数量较多，质地同和田玉相比较也差很多。另外，青海白玉是近几十年才在国内市场上出现的，在色泽方面相似于和田玉，欠温润，如果将其放在灯下，会看到其结构大多粗松，且有玻璃感。而韩国玉颜色雪白，在灯下观察会看到里面的杂质，结构较粗松。所以说在鉴定白玉的时候，不能单纯地看其洁白的程度，而应该将标准建立在质地的温润、细密上。如若不然，就很容易上当。相对而言，青海白玉和韩国玉的价格比较低廉。

挑选白玉时，除了看其颜色以外，还必须注意其有没有瑕疵，注意其皮。而有的和田玉会带有一点“枣红皮”“秋梨皮”“桂花皮”，所以在对玉器进行制作的时候，能够巧色巧雕的话，情趣就会更浓。

△ **白玉灵猴献寿桃形洗　清代**

长9.5厘米

△ **青白玉一统万年山子　清乾隆**

高21厘米

6 | 在古玩城购买白玉艺术品的可行性

其实，如今的白玉艺术品市场价格已较为透明，投资者在对白玉艺术品进行选购的时候，千万不可贪图便宜，最好在正规的商店里购买。实际上，古玩城是集中经营白玉之地，与那些独立经营的店面相比较，古玩城在店铺装修、挑选空间和经营档次等外部环境和制度保障、诚信管理、优质服务和赔偿机制等内在环境方面，都为收藏爱好者们提供着全方位的保护和服务。古玩城会定期地举行拍卖、讲座、展览、鉴定等专业活动，这样就使投资者既可以学到各种各样的收藏理论知识，也可以欣赏到更多更好的收藏艺术品，更让买卖者双方能够相互信任，彼此交流。

7 | 投资白玉作品并非越古越好

如今，有不少喜欢投资白玉艺术品的玩家更倾向那些皇家御制的、有历史年代的老物件，例如清代康乾时期的物件。其实作为资源性产物之一的白玉，在亿万年的形成期间就已定性，即使是古玉，可以说在性质方面和如今的玉无多大的差别，甚至因为以前开采技术受到一定的局限，当时工艺品的玉质有的还无法比得上现在的。如果说起雕工，一般我们总是认为清乾隆时期为雕刻玉石的“巅峰期”，例如北京故宫博物院中的大型玉雕——“大禹治水山子”，在众多作品中称得上是最高水平的了，然而如今的工艺美术大师通过一些包含先进技术的雕刻机械，再加上他们本身的专业美学教育，其创作题材更加多样，技艺更加精湛，视野更加开阔，可以制作出更为精美的作品，这些作品同样具有很高的投资价值。

8 | 古代白玉收藏投资的原则和方法

不得不说，古代白玉集文化和艺术于一体，而若是真正的古玉，保值升值空间很大。虽然如今的传世古玉和出土古玉越来越少，但是具有投资回报和文化消费双重功效的古代白玉收藏，仍为今天收藏热潮的一大热门。

可以说，古代白玉收藏是资金、阅历、知识、经验、智慧的综合，在具体运作的时候，尤其要注意下面的这十点：

（1）鉴纹饰

“纹饰”其实是鉴定古代白玉的微观世界，可以说是雕琢在玉器上的时代符号之一。时代不同，流行的纹饰也就不同，历朝历代的纹饰也各自有着与众不同的风格和特征。总之，对古代各个时期白玉纹饰特点的掌握，成为鉴别古代白玉的主要依据之一。

（2）析工艺

古代白玉工艺可以说是从玉料演变为玉器的技术性条件，最易透露其时代信息。对古代白玉的加工工艺进行识别成为了鉴识古代白玉非常关键的一大环节。不同时代，人们所使用的工具是不一样的，各项工艺精度也是不一样的，所以就使古代白玉加工具有了一定的时代特点。

（3）阅沁色

“沁色”是古玉器长年累月被埋藏在土壤中，遭受到了不同矿物质的浸染而出现的变化，从而显现出悬浮于玉器外表深深浅浅的各种改变，例如，沁色和蚀斑等。如果古玉器的沁色好、部位妙，那么其价值就高。对沁色的规律进行了解和掌握，对于古玉器鉴别而言十分重要，是断代的一个重要的依据。

（4）识玉料

玉料是收藏古玉器的重要前提，收藏家们必须将自己的注意力集中于玉的材质方面。应先重视玉的质地和材质，在对真玉（和田玉）和假玉（似玉）进行认真的辨别之后，再对玉的外观、色泽、工艺和造型进行观察。优质的玉材，它一定是色彩纯正、均匀，质地细腻、洁净无瑕、温润，结构致密、坚硬的，会让人产生一种细腻滋润和质色纯正的感觉。

（5）辨造型

看古玉器的造型其实是在看古玉器的宏观世界，造型为古玉器的审美构架。我们国家的古玉器特征造型有三大类，分别是仿古形、几何形和像生形。每个时代均各具特色，可以说是古玉器时代特征的真实写照，也是收藏家对其年代进行判断的重要依据。

（6）品艺术

“艺术”是每件古玉器追求的最高境界和最高表现形式。古玉器艺术具体表现为作品的构思和主题凸显个性、充满灵气、内涵丰富，会让人有无限的遐想。古玉艺术美的集中表现形式是工美、形美和质美，有着特殊的神韵美，具体指的是凌厉之美、拙朴之美、华丽之美、简约之美、粗犷之美、流畅之美等。形神兼备的古玉器是艺术美特有的表现形式，也是崇玉文化的最高成果。

◁ **白玉留皮巧做扳指　清代**

高3.5厘米，厚4.8厘米，孔径2.3厘米

▷ **如意纹手把件　清代**

长6厘米，宽4.5厘米，厚1.5厘米

△ **青白玉高士童子摆件　清乾隆**

宽17.2厘米

◁ **白玉福寿纹洗　清乾隆**

直径17.7厘米

此器取上等玉材整挖雕琢，用料不惜，玉质晶莹温润，凝脂光泽，敞口，折腹呈浅盘状，内底略下凹，外底三足，修足规整。洗外壁光素无纹，内底浮雕折枝，上有硕大蟠桃，枝叶繁茂肥厚，桃果饱满密实，蝙蝠上下翻飞，两两对望，仙桃代表长寿，“蝠”与福同音，寓意福寿双全。匠师巧妙地利用石纹构图设计，工法老到，成竹在胸，一气呵成。整器吉祥之意表露无遗，高贵典雅，为典型乾隆宫廷器。

△ **青白玉雕狮纹纸镇　清中期**

长7.8厘米

△ **白玉雕龙首云纹茶壶　清中期**

宽19.5厘米

△ **白玉雕龙钮扁瓶　清中期**

高27厘米

△ **白玉小佛像　清中期**

高9厘米

佛像以白玉圆雕而成，颔首，双目微睁，眉间雕白毫，和睦端详，螺髻发，着宽袖长袍，衣带飘洒自然流畅。呈全跏趺坐姿，双腿相交，脚面向上，双手仰放下腹前，右手置左手上，两拇指相接，施禅定印。胸前浮雕“卍”字。莲花底座，呈双层俯仰式，莲瓣饱满。

（7）观创新

中国历朝历代的古玉器，在艺术形态方面，均有创新。“创新”应该说是古玉器的文化精髓。没有创新，就不会有发展。若从艺术创新角度进行认真分析，具有创新精神的古玉器，其投资收藏价值都较高。例如不同玉种之间搭配的古玉器、由玉和宝石组合而成的古玉器、具有特殊工艺创新的古玉器、玉与贵金属镶嵌的古玉器、体现玉匠独门绝技的古玉器、推陈出新的古玉器、反映重大历史题材的古玉器等。

（8）分门类

中国的古玉器存世数量较小，在造型样式方面，每一件古玉器很少有类似的，所以具有较高的收藏、鉴赏、投资价值。从总体上来讲，共有两类：一类是传世玉器，通常是祖传下来的，家传保存。元代、明代和清代的传世玉较多。如果传世玉器和历史名人、王公贵族、帝王将相沾边，或者和古迹沾边，那么其价值一定要高于寻常百姓家传承的玉器；或者史籍中没有记载，其来历神秘、特殊，形制异常，由于很少见也易诱人购入。另一类是出土玉器，大多是因殉葬而埋于地下的古墓中，唐代以前的古玉器主要是出土的古玉器，非常值得收藏家收藏。

（9）防臆造

臆造就是“凭空捏造”的意思。臆造的玉器主要分以下几种情况：作伪者或者根据青铜器的造型制作玉器；或者将不同种类貌似相干的器型拼凑起来，伪称古代某将相、王侯或贵族的传世文物，或者伪称为出土玉器。臆造古玉大部分都有动听的故事，可以说，造假者的确花费了心思。伪情往往可以移人心智，而针对那些价格不菲的臆古玉，收藏家必须保持头脑上的清醒，多请教行家察其破绽，谨慎地交易。

（10）察仿古

根据图谱，以玉料甚至籽料仿制古玉，连刀法的使用也仿得十分逼真，通常业内人士称为“高仿”。徐州、蚌埠、上海、苏州等地的高仿就“名闻天下”，甚至那些小型、中型的拍卖会都有用这种玉器来对老货进行冒充的，往往会让买家不小心看走眼。然而，对于高仿玉，既不能一概地排斥，也不能全盘地收罗，例如部分清代以前的仿古玉器，就具有较高的收藏价值。

现在，在市场上常常流行的仿古玉器大致分以下一些情况：

老玉老工：就是玉老工也老，至少在一百年前已完成，完成后的各个年代都没有进行人工上的染色和修改。

老玉老改：例如，宋代时将汉朝的老玉老工的玉器进行了修改，当时为“老玉新改”。如今看来，由于汉代和宋代同样都是过去的时代，所以称之为“老玉老改”。

△ **白玉持经观音　清代**
高15.5厘米

老玉老仿：例如，在宋代、明代和清代，就有玉匠将一块玉雕琢制成商代形制的玉器。如果以当时人的标准而言，该仿古玉属于“新玉仿古”。若该仿古玉又被人工染了色以冒充沁色，目的是为了使其以古玉的身份卖出去，那么这件玉也属于“新玉仿古”。然而以现代人的眼光而言，前者就是“老玉老仿”，而后者就是“老玉伪古”。

老玉新改：在现代对古老的玉器进行修改，业内人士称其为“老玉新改”。

老玉新工：一件老的玉料已经放置了上千百年，在现代将其雕琢成玉器，则称其为“老玉新工”或者“老玉新雕”。

新玉仿古：人们参照图样将一件新玉雕成古时候的一种器型、纹饰，从而来假冒古玉，这件玉器被业内人士称作“新玉仿古”。

新玉伪古：先对一件仿古的新玉器进行雕琢，再加以人工染色、腐蚀，以冒充古玉卖出去，进而牟利，业内人士称其为“新玉伪古”。现在市场上假冒的古玉大部分属于这一类。

老玉新孔：例如，老玉并没有孔洞可穿绳佩戴，而现代人或者后人们为了便于佩戴而在其上端打了孔，从而可以穿绳，业内人士常称其为“后打孔”“新打孔”“老玉新孔”。当然也可叫作“老玉新工”或者“老玉新改”。这种情况可以认为是破坏了老玉的整体形象，对其价值造成了严重的影响。然而，也可以这样认为，尽管打孔对原工原件的完整性造成了影响，但是并没有影响到原件的雕工、年代、玉质、沁色、造型等整体的观感，同时还增加了其市场性和实用性，还使其价值有所增加。如何对“老玉新孔”问题进行评估，收藏家们应该仔细地斟酌。

△ **青白玉仿古双龙兽面纹钺　清乾隆**

长18.5厘米，宽8.3厘米

此钺用料青白玉质，体如凝脂，精光内蕴。其左右对称，分上下两部分。上方以镂空雕刻两对称的龙纹。龙身充满了弯曲简短的弧线，使整体充满流动感。下方则为倒置的蕉叶纹，内部以弧线和云雷纹填充。整器给人以厚实大气的视觉效果，简朴之造型上饰以精细纹饰，纹饰繁琐却不失清朗，简繁得当，颇耐玩味。

△ **白玉素身活环象耳瓶　清乾隆**

高19厘米

玉瓶呈扁方形，束颈，口足呈长方形，通体光素无纹，颈部对称饰两只象耳，象鼻衔两只活环耳。此器造型端庄，掏堂规整，玉质温润、白腻，纯净少瑕。此瓶采用的素身做法正与古语“良玉不琢”不谋而合，质地好的白玉，无须任何雕琢，只需加以打磨，便可淋漓尽致体现其质地之美。

△ **白玉雕金蟾纹纸镇　清早期**

长8厘米

△ **白玉雕鸳鸯纹摆件　清早期**

长16.2厘米

△ **白玉鸳鸯摆件　清乾隆**

长20.5厘米

此摆件以和田白玉为材，玉质白中略青，圆雕一对鸳鸯，造型生动，翎羽刻画细腻。两只鸳鸯翅膀贴身，游于碧波之上，回首互望，口衔莲花，枝叶扭转披于背上，互相交缠。枝叶舒展，叶脉刻工清晰。全器刻工精细，流畅自然，造型生动典雅，两只鸳鸯神态惹人喜爱，雌雄相随，寓意“鸳鸯富贵，夫妇和谐”。

9 | 当代白玉收藏投资的六大原则

收藏投资白玉应选择什么才好，其实是“仁者见仁，智者见智”。业内人士一般看法是，因为白玉材料资源紧缺，使其在艺术品收藏中的潜力更大。在对白玉进行鉴赏时，必须掌握十个字，即“山川之精华，人文之精美”。前五个字指的是玉石的颜色美和材质美，后五个字指的是玉器的雕琢美和品相美，表现为收藏投资的价值，具体体现在，原料价值、工艺价值和思想价值三方面。而评价玉器价值高低的基本原则（标准）是看其颜色、质地、雕工、品相、艺术等。下面具体介绍：

（1）颜色优先的原则

在软玉中，白玉为上；在和田白玉中，优先者为优质的白玉，而青白玉和青白籽次之；在优质的白玉中，又以和田籽白玉为上；在青海白玉、和田白玉、韩国白玉和俄罗斯白玉四类白玉中，以和田白玉为上；在籽白玉中，最好的是羊脂白玉；而在羊脂白玉中，带漂亮皮张的籽料最值得收藏家们进行收藏。除了带皮张的和田籽料以外，业内人士都很喜欢和田山料和俄罗斯山料中的糖色玉，一般它们都作为巧雕的第一选择。由此可知，在白玉的鉴藏中，皮色、俏色和白色等三色应作为对玉料好坏进行优先把握的原则。

△ **白玉芭蕉仕女　清代**

长5.7厘米

△ **白玉麋鹿　清代**

长6.5厘米

（2）质地根本的原则

在对收藏的白玉质地进行选择时，一定要看其质地是否好，这是判断是否进行投资的根本。同样都是白玉，因为玉种不一样，其美感和质地就会有差异。一般情况下，好的和田白玉质地应符合以下这些要求：透光性一致、显微裂隙小、晶粒间隙小、晶粒粒度匀。其观感必须滋润光洁、柔和细腻和致密坚韧。与和田玉相比较，青海白玉的内在结构粒度稍微粗一点，但是分布较为均匀，虽然在质感方面表现较为细腻但略显“嫩灵”，虽然水头较足但是油润度低。其观感应为色泽晶莹、玲珑剔透和洁白无瑕。

因为过去用高端白玉琢制的艺术品大部分已经被有识之士所珍藏，而产出的原料大部分也已经被琢玉师傅和专业厂商所保留，等待更理想的题材再动砣或者更理想的价位再出手。玩家如果遇到青海白玉或和田白玉能够符合上述的标准，就应该立即出手。因为有了质地好的玉料，之后的设计、雕琢、作品“出炉”自然就会“顺理成章”。

（3）工艺关键的原则

每一块白玉玉料均具有各自的特质，如果能够发现和尽可能地突出其天然特性，就可以使其工艺价值得以实现。在确定一件玉器为收藏对象时，既要考虑白玉材质的稀有性，同时也应该着重对适合玉料特性的工艺方法最佳性进行考虑。只有材料颜色、质地、题材和大小、工艺合理而有效地进行结合，玉器才会浸透出艺术的功力、创意和智慧，这样的玉器收藏投资价值也会较高。

（4）名师求索的原则

一样的创作题材、一样的工艺标准、一样的时代背景、一样的玉料质地，让不一样的艺人来进行创作，也会因为个人素质的不同、经验积累的不同、观察思考的不同、追求喜好的不同，创造出不一样的作品。不同琢玉师的习惯、工艺、审美等均会使玉器呈现出强烈的个人色彩。这种个性化的风格慢慢就形成了白玉创作作品的收藏价值、艺术价值。

因为玉石工艺大师和雕刻大师开阔的设计思路、新奇的作品创意、深厚的艺术造诣、丰富的创作经验、精美的雕琢工艺，其创作出来的作品备受推崇。由于这些大师们的作品属于纯手工制作，一人一年当中所创下的成品很少，其升值空间和后继潜力毋庸置疑。因为好的白玉材料一天比一天少，出自大师之手的精美工艺品在价格方面自然会呈现出几何级数的增长趋势，所以说，应首先投资收藏名师名家的作品。

△ **白玉海水云龙纹洗　清代**

长29厘米

此件笔洗选料巨大，器身满工雕刻云龙纹饰，质地厚润，不惜工本加以制作，几尾螭龙攀附在玉洗内外侧壁，犹如在云中穿行，雕琢精致细腻，是不可多得的清代玉雕精品。

△ **白玉鱼　清代**

高9厘米

玉鱼以纯美的和田白玉雕琢而成，鱼身圆润丰满，雍容自在，鱼身鳞片及各处细节雕琢精致。鱼自古以来就是中国吉祥图腾之一，象征殷实，富裕，连年有余，富贵连年，此件白玉鱼雕饰精美，寓意吉祥，可玩可佩。

（5）主题突出的原则

玉雕作品的人文价值其实指的就是“思想价值”，即玉器的主题思想价值。思想价值是艺术、宗教、风俗、文化、精神和哲学等内涵的集中体现。玉雕作品凭借着图案和寓示的含义，将艺术家们所要表达的思想价值深刻地诠释出来。思想价值的体现不仅师承传统，而且还与时俱进。“师承传统”其实指的就是通过借鉴中国古代的吉祥图案，将人们所希望的禳灾避凶、驱除邪祟和趋古求安、祈福纳祥的良好愿望深刻地表现出来。这种思想价值由于与世人求吉、佑祥、纳财的心理相符合，自古以来一直得到了百姓们的认可。“与时俱进”其实指的就是继承发展、推陈出新，凭借着新思维、新技法和新概念，将不断发展的流行意识和审美观念深刻地体现出来。只有这样，结合人文内涵、玉材、工艺的白玉作品才能够演变为有生命力、有价值和有市场的艺术品。其实这也是白玉高出一般的紫砂、刺绣、陶瓷、书画等艺术门类收藏价值的真正原因。白玉材料尽管具有资源价值，但如果是文化素质低下的粗制滥造题材，就不仅糟蹋了美丽的白玉，还侵害了白玉作为思想、人文的精神载体的这一特质。这种破坏资源价值、亵渎思想价值、缺乏工艺价值的产品，绝对不可以收藏和投资。

△ **白玉蟾蜍　清代**

长5.6厘米

玉蟾以质地优良之和田白玉雕琢而成，质地柔润洁白，整体圆雕白玉蟾蜍，肥美圆润，讨人喜爱。蟾蜍在我国古代传说中有着丰富的故事，月宫常被比作玉蟾，而象征财源吐纳的金蟾也广为人们所喜爱。

△ **白玉雕年年有余纹挂件　清乾隆**

长7.5厘米

和田籽玉雕成，玉质温润无比，洁白无瑕。圆雕鲶鱼摆尾游弋，鲶鱼体长形，颈部平扁，圆脸阔口，唇边有须，浮雕鱼眼，利用金黄玉皮巧雕而成，炯炯有神。鲶鱼体态俊美，须子细长飘逸，此件雕琢细腻生动，游动姿态灵动优美，鲶与“年”谐音，表达年年有余的美好祝愿。

△ **白玉龙纹凤钮盖壶　清代**

高20.9厘米

此壶构思精巧，设计独到，心思缜密。顶盖上刻以鸾鸟钮，握把龙型，首尾曲虬。尾接藤蔓柔美卷曲，颈部雕以玉环，腹部雕琢带状纹饰，足圈突起三足，作云头状，雕琢精致细腻，无纹饰处琢磨休整光滑素雅，为清代玉雕精品。匏器自古以来，就有福禄绵长，子孙万代之意，为传统经典玉雕题材。

（6）品相完美的原则

白玉成品品相具体表现在三大方面，即大小、造型和有无瑕疵。除前文所述的几种原则以外，白玉成品品相的优劣也是评价白玉作品价值高低的主要标准。

通常，在工艺、艺人、质地、颜色相同的前提下，玉器的重量越大、尺寸越大，其价格和品级就会越高。如果玉器造型独特，比例恰当，构思巧妙，自然卖相就好；如果玉器造型庸俗，比例失调，做工粗糙，当然不容易引起买家喜爱。玉器的品相越好，其包含的杂质和绺裂就会越少，相应地，其价格就会越高。有些玉器做工和玉质都不错，也来自于名门，但是因为要么玉质有瑕，要么绺裂明显，自然就影响了白玉作品的经济、艺术价值，也很难得到买家的喜爱。

白玉作品的造型容易辨识，大小容易判断，但是其品相好坏需要仔细地鉴别。这是由于白玉的绺裂和瑕疵一般会被巧匠的妙调（例如涂油、过蜡、巧雕等）所掩饰，一不小心就会浪费了钱。

10 | 白玉收藏投资的方法

收藏投资白玉有四大特殊性：第一，投资对象大部分是单个的实体，也有股份制的；第二，后入行者需要从原投资者的手中获得投资的实物；第三，现货投资，当场买卖；第四，零散投资，规模性回报。以上这四大特殊性，决定了白玉投资收藏市场通常的运行轨迹应整体向上。鉴于玉器收藏和个人的具体情况、思路和财力相关联，投资办法具有很强的个体性，所以不可以笼统而论。但综合藏家的心得，可得出以下六种方法：

（1）从小到大，从低到高法

若刚刚迈入投资收藏市场的大门，不可避免地会受到知识、经验和资金等因素的影响和制约，不可能一入门就收藏昂贵、高档的大件玉器。可以从价值低的小件玉器入手，待取得经验、熟悉市场后再一步一步地从小到大、从低到高，这样才较为安全和稳妥。

（2）结伴出资，共担风险法

为了共同对风险进行承担，也为了集中智慧，可以采取结伴出资的方法，以集体财力购买玉器和玉料。这样可以用较少的钱拥有较高赏玩价值的东西，或者对更多的东西进行收藏。这种方法在购买俄罗斯白玉、和田白玉和昆仑白玉原料时会被大部分业内人士所采用。

△ **白玉卧马　清代**

长7.5厘米

△ **白玉卧犬　清代**

长9厘米

△ **白玉瑞兽　清代**

长6.4厘米

（3）视货随行，相机投入法

应该经常到市场进行观察，一旦碰到好的玉器，若有充分的资金就可以将其买下来。若无时间，钱不凑手，货也不中意的时候，可以先不买。

（4）固定金额，分次（定期）投入法

筹备一定款项，计划一定时间，定期或多次购买玉器。这种办法适宜小件玉器的收藏。

（5）一次投入，规模经营法

利用准备投入的资金一次性买足，或者在短时间里将玉器陆续地买入后，不再继续购买，而是静静地等待其升值。该方法实际上具有一定的风险性，适合下面几种投资人士：

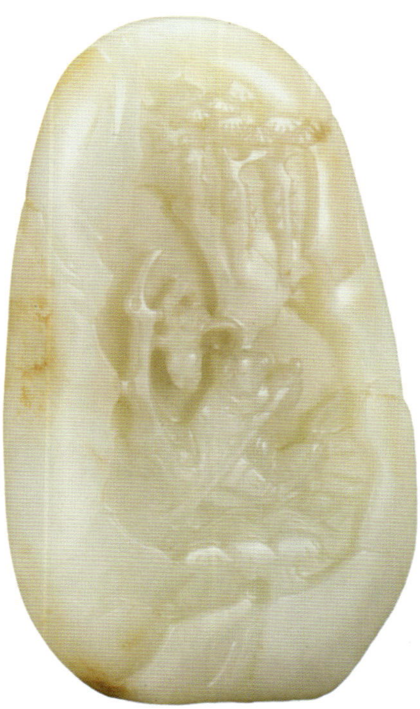

△ **青白玉童子乘槎诗文山子 清代**
高10厘米

一是判断想收获投资的玉器价格偏低但是以后会有一定的空间涨幅，所以趁低价的时候将其快速买进者。例如，近几年高档古玉和白玉的价格是“一路高歌”，具有较为明显的投资回报。

二是对玉器市场了解得很透彻，对收藏玉器的原渠道也很清楚，对产地和收藏者当地的行情也很熟悉的收藏者。

三是对于投资项目的把握性很强，透彻地了解运作秩序者。如果对渠道、辨别、行情都未掌握，通常不可以用该方法，以免损失了资金。

（6）综合情况，混合投入法

视知识、市场、资金、经验等综合因素对上述办法灵活地运用，及时地对资金进行运作，买进卖出。其实这已是收藏玉器投资者具有熟练手法后的较高级境界。

△ **白玉双耳炉　清乾隆**

宽16厘米

此炉以白玉为材，体量硕大，玉质坚实，润色晶莹。器型仿周代簋，内壁厚度均一，子母口内扣相合。炉盖钮外与底三足内侧皆刻回纹，雕纹精致，刀笔利落，寓意祥瑞。其余炉盖、炉身、腹部皆不施任何纹饰，光洁的块面之美展露无遗，素雅无拙。

△ **青白玉龙钮双耳盖炉　清乾隆**

高13厘米

△ **青白玉雕刘海戏蟾山子　清代**

高22.2厘米

11 | 白玉收藏投资的时机

对白玉进行收藏和投资时，必须注意买入卖出的时机。下面分别介绍：

（1）买入时机

由于投资渠道狭窄，资金需升值，但是无理想的投资方向，此时即可稳妥地长线投资白玉。

当市场经济不景气，艺术品价格具有走低趋势时，应将玉器买入。因为伴随着日后经济的复苏，其价格会有上涨的可能。

如果明白什么样的玉器会有人炒作，应马上投入。例如，2008年北京奥运会的昆仑白玉纪念品，凡是炒作者，都从中获利不少。

当发现珍品玉器的时候，一定要把握住机会，应该不惜一切代价地买入，千万别犹豫。

当遇上超低价买入机会的时候，或者有人出现周转困难，急需资金以低价出让的时候，一定要把握好机会。

（2）卖出时机

当市场经济走向了繁荣，人们由于收入增加而想投资艺术品时，应果断地卖出玉器。

如果自己手中的资金和银行储蓄变得不划算，因各种因素投资渠道又变得狭窄起来，都竞相寻找书画、陶瓷、金银、宝玉等工艺品保值增值时，应立即卖出。

当所投资项目的价格已至巅峰，很难炒上去的时候，应马上出手，见好就收。

若珍稀的东西已经不再贵重，例如一块题材、质地、工艺都好的玉佩，原本具有不菲的价值，但是人们凭借电脑技术将其雕刻成批仿制并投入市场，此时，应卖出。

个人由于经济困难需要资金时应寻找好时机卖出，待取得较理想的价位再售出，以免被贱价求售。

最后一点十分关键。常有收藏者购买自己所中意的玉器，不经意间用尽了自己的资金或者透支，此时也就只好割爱以便宜的价格卖出藏品周转资金，这样就会得不偿失。

第六章

白玉保养和修复技巧

一 白玉的保养技巧

俗话说：“人养玉三年，玉养人一生”。其实，一个简单的“养”字，包含了不少学问。保养白玉手镯很讲究，这是由于玉原本有大自然所给予的营养，不干燥，湿度充沛，保养好的白玉手镯永远丢不掉昔日的古雅和倩丽。有不少人在购得白玉手镯后都不懂怎样对其进行保养，下面具体介绍。

1 | 防止碰撞硬物

白玉受到硬物碰撞以后很容易破裂，有的时候虽然我们用肉眼看不出其中的裂纹，但是玉表层内的分子结构已经受到一定的损坏，形成了暗裂纹，时间一长就会显露出来，会很大程度地损害其收藏价值和完美性。

2 | 尽量不要沾染灰尘和油污

白玉外表如果积了灰尘，应该用硬毛刷将其清洁干净；如果上面有了污垢或油渍等，可以用温和的淡肥皂水先刷洗一遍，再用清水将其洗干净。需要注意的是，不要使用化学除油剂。对于那些受到严重污染的古代白玉，可将其送至生产、清洁玉器的专业公司用专业的超声波对其进行清洗和专业保养。

3 | 妥善地保管

白玉佩挂件在不用的时候必须放妥，最好将其放入首饰盒或者首饰袋内，以免受到碰伤。

4 | 防止接触汗液

白玉如果接触了过多的人体汗液，就会遭受侵蚀，使自己的外层受到损害，进而影响原本的鲜丽度。而羊脂白玉和翡翠更怕汗液和油脂，所以在佩带后，应用柔软的布将其擦干净。

5 | 防止阳光暴晒

白玉若在阳光下暴晒，就会遇热膨胀，玉质会受到影响，体积会增大。特别是玛瑙和水晶等受热后会产生爆裂现象，所以更不应该接近热源。

△ **白玉连年有余　清代**

长8厘米

6 | 不能太干燥

如果身处过于干燥的环境，那么白玉就很容易蒸发水分，从而损害自己的质量。

7 | 在适宜的温度、湿度中保存

白玉手镯需要凭借着合适的温度、湿度来维持状态，因此保养的关键在于给白玉手镯创造一个温度、湿度适宜的环境，因为好的环境才可以让您的白玉手镯熠熠生辉。

8 | 棉布擦拭

应该不定期地用柔软、清洁的白棉布去擦拭，而用染色布、纤维质硬的布料去擦拭就不是很适合。保养白玉手镯其实还重在日常生活中的点点滴滴，白玉手镯就像我们的皮肤，细心呵护它才利于保养和维持其玉质。

△ **甪端香薰　清代**
高7厘米，长7.5厘米

二
白玉的修复技巧

白玉制品在收藏、保养、佩戴、展示和运输期间不可避免地会因碰撞而损伤，如果一不小心出现了上述的情况，就需要修复玉器。白玉雕刻艺人在收藏白玉期间摸索出一些较为完整的修复方法，具体如下：

1 | 重新修整

这种重新创作是以掩饰、弥补白玉制品的破损为前提的。具体包括“以坏补坏”“以破补破”“去高补低”“去肥补瘦”等绝技。可以说，这一点在现代的玉雕行业中具有相当广泛的应用。

△ **白玉雕髦耋守业纹纸镇　清早期**

长7.5厘米

此器为白玉质，洁白莹润，圆雕两只小猫正与一只蝴蝶嬉戏，小猫体态丰腴，扑跳腾跃，雕工手法细腻，形象活泼逼真。

△ **白玉缠枝花卉纹双蝶衔环耳三足盖炉　晚清**

直径21.5厘米

△ **青白玉童子寿星摆件　清代**

高11.4厘米

△ **白玉佛　清晚期**

高17厘米

△ **白玉带皮罗汉诵经摆件　清代**

高12厘米

玉质佳好，细密莹泽，挛形惜材，正面琢制“罗汉诵经图”，林叶茂密，颇具诗情，背面借皮刻灵芝一株，山水人物，以山岩为依托，刀法犀利，意境高雅，人物刻画精细，神态自然，包浆光道，为案头陈设佳品。

△ **白玉衔灵芝神鹿摆件　清代**

高8.8厘米

和田白玉，雕一只仙鹿，口中衔灵芝宝草，跪地而献，愿世人健康长寿，神鹿眼珠异常光亮，腹下四蹄也刻画无遗。

△ **白玉子冈牌　清代**

高6厘米，宽4厘米，厚0.8厘米

2 | 金玉镶嵌

“金玉镶嵌”其实属于传统工艺，被雕刻大师们巧妙运用到白玉制品的修复中，比如用白玉制作而成的手镯，之前是圆润光洁的整体，只有被折断撞碰才会出现圆环上的那段金箍。而部分受到损伤的白玉饰品在经过人为的镶嵌之后，甚至还能够不露任何缺陷，变得更加精致，更加完美。

3 | 断合黏合

“断合黏合”的具体方法是这样的：先将裂口清洗干净，再凭借着高效黏合剂均匀地涂在上面，然后认真地对准之前的部位，使劲地挤压，将裂口的黏合剂挤出来，最后运用丙酮将黏合剂擦除干净。黏合剂凝固期间，尽量以重物压住或者用胶带去固定，以免错位。

4 | 一分为二

部分白玉玉器在被碰坏以后，雕刻大师们往往会按照其破损情况，对其原来的造型进行剖析，经过构思会在原件基础上进行十分巧妙的分割，将其一分为二，也就是将原来的雕件分成了两个相互独立和关联的小件或者分成了两个以上相互独立和关联的小件。如此修复，由于常常不作大的舍弃，所以能够弥补之前所遭受的损失，而得到修复后的白玉价值甚至在有的时候比原件还要大。

白玉修复的期间，大部分都会运用到黏合剂。为了确保玉器修复后的质量和时效，黏合剂应符合以下要求：黏合剂的折射率应接近于宝玉石的折射率；黏合剂固化时的热膨胀系数或者收缩系数小，固化后无残余应力；黏合剂的清洁度高，透明度好，颜色和宝玉石相同或者相近；为了防止修复后因遗失或者脱落的现象而可能给佩戴、收藏者带来损失，黏合后必须具有适宜的韧性和很高的机械强度；因为白玉具有收藏属性，可以一代代地传下去，因此这就要求黏结层化学性质的稳定，长时间地存放不产生“色散”“析晶”现象，不变色，不变质；黏接起来要方便，且对人体没有害处。

△ **白玉佛手摆件　清代**

高15.2厘米

△ **白玉岁寒三友诗文方笔筒　清代**

高12.2厘米

△ **青白玉龙纹佩　汉代**

直径3.6厘米

△ **白玉凤纹佩　汉代**

高4厘米

△ **白玉四灵方形盖瓶　汉代**

高13.5厘米，口长6.2厘米

△ **青白玉螭纹盖杯　汉代**

高11.8厘米，口径4.6厘米

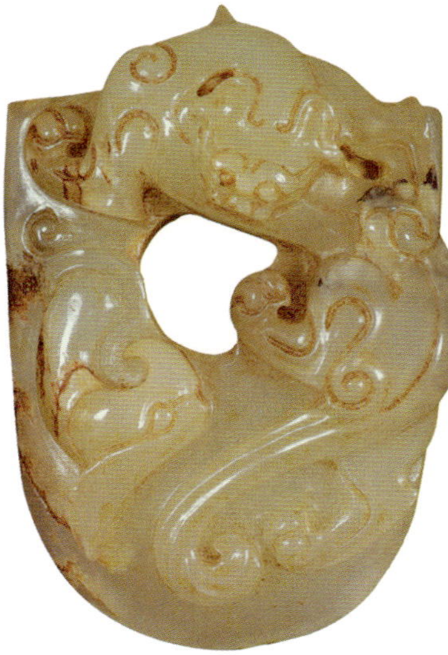

△ **青白玉螭凤纹鸡心佩　汉代**

高5.5厘米，宽3.7厘米

△ **青黄玉螭纹鸡心佩　汉代**

高10.8厘米，宽6.3厘米

△ **青白玉凤　汉代**

高4.2厘米，长9.2厘米

▷ **青玉仙人骑马摆件　汉代**
高5.2厘米，长9.8厘米

5 | 缺处添补

关于缺处添补的方法，具体有两种：一种方法是“填补”。通常情况下，人们都用合成树脂掺滑石粉，然后将其涂在白玉器物缺失的位置，以雕刻的方式进行修饰。为使修补位置的颜色与其四周玉器颜色相符，应该先用修复玉器的同种颜色、同一种类的原材料研成粉末，如青白玉、青玉和碧玉等；也有的先将一样颜色的颜料调在填料中，再进行填补。另一种方法是“新补”，就是将一个与玉器残缺位置一样的“零件”重新制造出来。将滑石粉补剂或科学的替代剂、合成树脂，用高温吹氧衔接或翻模铸出的方法，衔接至缺失的位置。

△ **白玉司南佩　汉代**
高3.3厘米

△ **白玉鸿运当头纸镇　清中期**

长6.5厘米

纸镇以大块和田白玉雕琢而成，共雕大小二羊，中国传统文化之中，羊寓意吉祥安康，此雕件巧用沁色，将一抹红色留在小羊首部，寓意鸿运当头，此件纸镇雕琢精细制作精巧，为一件清代中期玉雕佳作。

△ **白玉洒金童子洗象　清中期**

高7.3厘米

摆件玉质温润细腻，取整料而作洗象摆件。雕琢大象体态丰盈，大耳下垂。一童子趴于象背之上嬉戏，造型写实生动。洗象的流行，肇始于明代，隐喻着冀希“太平有象”的心理。清代玉作中，常见以此为题材，寓意吉祥。

△ **白玉福山寿海龙纹山子　清中期**

高16.5厘米

山子以整块和田白玉雕琢而成，主体雕海中仙山，惊涛骇浪之中岩山突兀，如刀砍斧锯一般，线条俊朗刚健。波涛之中一条神龙昂首吐蕊，似在期盼，似在鼓励。岩山之巅一只雏龙攀附而行，遥望巨龙，几欲飞天。四周蝙蝠数只，绕行山间。此图寓意苍龙教子，望子成龙，福山寿海。此件玉山寓意吉祥，质地温润，无论陈设还是赏玩，皆属文房佳品。

△ **白玉六龙首衔环耳狮钮盖瓶　清晚期**

高22.5厘米

△ **白玉双螭凤首砚滴 清乾隆**

长9厘米